愛與戰爭的日日夜夜

Días y noches
de amor y de guerra

Eduardo Galeano

愛德華多・加萊亞諾／著　　汪天艾・陳湘陽／譯

目　次

推薦序／
我們這時代的「最強大腦」，最用功的讀書人

駱以軍

我如果是冷戰時期的中情局或KGB頭子

或帝國尺規的獨裁者

一定對這兩人的大腦和靈魂

進行最高級別的重重安全保護

因為他們是核戰略等級的昂貴資產

或標誌了文明躍遷到怎樣的高度

不知該說慶幸還是遺憾

他們降生在台灣

被任意流放

那像一個讓人流淚　瞠目結舌的科幻小說

他們串聯著最小到最大的思維「曲率引擎」

　　我在許多地方說過了，童偉格《西北雨》是我的摯愛，很詫異這本書已存在那麼多年了，而我自己的閱讀，華文小說一直沒出現比它更詩意，更小說本質的一本小說。時間、亡者、

追憶建造之願，互為誤解之詞的，寂寞的獨輪車李棠華疊羅漢。瞬擲的銀光雨陣，暴烈無從討價的生死，而後瞬間收煞取回，這都是相衝突的時間感覺。很有趣的是，這本書似乎是準備給讀第五遍、第六遍、第七遍，或更長時間中繼續重讀的讀者，愈後來的重讀，拉霸出現。

同樣的，童偉格《童話故事》也是我這些年反覆重讀之書。每次重讀都像第一次讀，都有全新的領會，那裡頭濃縮隱喻的文學思辨密度太高了！而給予二十世紀小說巨人群像的繪製其飛行器設計圖，耐性解說，又那麼詩意！很困惑他的小說思索，對沒作好準備的讀者（或同行）是那麼嚴厲。但對於想聆聽二十世紀小說巨人們的床邊故事，他是那麼溫柔、體貼。

房慧真《河流》也是我近年來，一讀再讀的一本好書。房慧真這幾年，成為台灣社運、環境污染、消防人員殉職、人權……等等現場的第一筆，她對大屠殺的深入思索，對南韓、香港、西藏、南洋，各種歷史、人文、電影、宗教、政商結構，其龐雜與深刻，每每相遇一聊，其用功皆令我佩服、慚愧。但我個人最愛的還是這本《河流》。那是一個書寫的奢侈實踐，以料理來說，料給的多到讓人迷醉，那都是年輕時無人知曉的傻勁，去走出來看下來的。

印度神話中有一段：有一天毗濕奴與梵天起了爭論，看誰

更值得被崇敬。就在他們爭論不休時，在他們的面前出現了一根火柱，熊熊火焰好似要燒燬宇宙。兩位大神見狀大驚失色，都決定應當去尋找火柱的來源。於是毗濕奴變成一頭巨大的野豬，順著柱子向下探尋了一千年；梵天變成一隻迅飛的天鵝，順著柱子向上亦尋了一千年。但他們都沒有到達柱子的盡頭，於是疲憊不堪地回到原地。當他們回到出發地相見時，濕婆出現在他們面前；於是似乎人們認為濕婆是神力最強的神。

濕婆是毀滅之神，像是我們這個時代，人類所包含的一切惡的總集，毗濕奴是修復之神，梵天是創造之神，時間之神。我覺得房慧真像是我們這時代的毗濕奴。而童偉格則像梵天。他們的閱讀與思考，房慧真恰是一變野豬往人類文明埋在最地層的，大屠殺、獨裁、邪教、台灣社會的種種盤根錯結之「惡土地」：消防員之死、台塑石化之巨獸、「更大的壞毀還要來」；童偉格則是台灣「為何小說」，辯證著時間與存在，像天鵝往超越限制的時間飛行，朝向這四百年世界小說與心靈的龐大書單之召喚，拉高鳥瞰的視距。他們兩個是我們這時代的「最強大腦」，甚至是最用功的讀書人。我好幾次在某間書店，他們倆，各自往書櫃各處，點指乒乓，推薦我哪本書可以讀，不能不讀，都是他們二十多年閱讀長河中，淘金之金粒那樣篩選下來的，站在此刻的你，要思考那已被重重層層扭換過的，文明

及其暴力，更高維度的鳥瞰、拆解、飛行、探究，應該一讀以擴大你心靈視野的書，我照他們即興推薦，桌上便堆了超高一疊書。

聽過一說法，說餘生無多，很像對之後可能遇到的情人，你再浪費不起時間，耗在爛人身上。一樣的，爛書也是。其實一本有份量的書，你要真正精讀讀完，最少要一個月吧？那一年，我說的是非常用功的讀者，一年真正能用心讀下的書，也就十二本。我們人生黃金期二十年，可能擁有時間、智力、真正思索的好書，也就兩百多本。沒有我們以為的多，我們以為我們可以東讀讀西摸摸，有那麼多的「時光點數」。我覺得這兩位長期安靜認真閱讀的神級讀書人，願意幫我們開一兩書單，那真是我們極幸福之事啊。

駱以軍，小說家。曾獲第三屆紅樓夢獎世界華文長篇小說首獎、台灣文學獎長篇小說金典獎等。著有《西夏旅館》、《遣悲懷》、《匡超人》等。

記憶者的自由與忠實
——導讀加萊亞諾《愛與戰爭的日日夜夜》 　　　　童偉格

1.

　　記憶所及，我最早是在2016年的年底，聽小說家駱以軍，說起了關於「書癮PLUS」這個書系的構想。彼時書系尚無定名，而構想最可感之處，是駱以軍的熱情：這個書系是一個平台，計畫邀請文學創作者，將他們各自喜愛、也從中受益的書，以兼顧個人化與普及性的角度，介紹給讀者。兩年多過去，計畫進入了正式出版的階段，眼下，就由《愛與戰爭的日日夜夜》（ *Días y noches de amor y de guerra* ）這本房慧真選書，與我選擇的《非軍事區之北：北韓社會與人民的日常生活》（ *North of the DMZ: Essays on Daily Life in North Korea* ）一書，共同揭開書系序幕。

　　我很榮幸能參與計畫，主要因為在書市艱困的今日，擔任選書人一職，有點像受贈了一個太過慷慨的機會，能一起見證一本書的生成。其實，比起過往數年，出版社對種種環節的設想、討論及落實，與對書市的宏觀想像，我明瞭，選書人的私心偏好，矛盾地，是最不該被強調的一件事。主要也因為，在

出版期程之外，更漫長的時間裡，去尋讀駱以軍、房慧真和其他朋友們導介的書目，從中學習，並揣摩他們各自所學，對我而言，本來就是日常之事。於是，參與計畫，對我而言，多少像是與朋友們持續對話。我也誠摯盼望，這樣的對話，對讀者們多少有所助益。

關於我所選擇的《非軍事區之北》一書。過往幾年，我讀著各種關於北韓的著作，倒沒有什麼特別的目的，只是想對這個陌生鏡像，有多一點的了解：在同一個冷戰框架的兩邊，有關北韓的既驗史實，說不定，也對照性地解釋了關於台灣，隱密的未知。而我猜想，反之亦然。

就此而言，哈伯斯坦（David Halberstam）的《最寒冷的冬天》（*The Coldest Winter: America and the Korean War*；八旗，2012），為冷戰框架兩邊實況，提供了相對全面的檢視。他的細密史筆，賦與齊聚韓戰的人物，各自獨特的心理深度，引領讀者，不時進入荷馬史詩般的敘事歧徑裡。例如：在戰事夾縫間，哈伯斯坦突然為我們，追查起戰場主帥，麥克阿瑟（Douglas MacArthur）將軍的漫漫平生，使我們理解，這位角色目空一切的性格，可能，是緣於怎樣的情感重擔。也於是，在這樣的寫法下，即便哈伯斯坦也許並無此意，他的敘事，的確已使全書立場，傾向了他較能深詮的美國將領一方。

康明思（Bruce Cumings）的《朝鮮戰爭》（*The Korean War: A History*；左岸，2013），則立意反駁哈伯斯坦的史詩級巨構，並為北韓辯護。他以朝鮮民族為主體，將韓戰起點，前推至1930年代，日領下的滿洲國，認為韓戰簡要說來，是「來自相互衝突的社會制度之下的韓國人，為了韓國的目標在交戰」；且這場戰爭，至今尚未終結。他提出的基本立論是：如果不是外力干涉，韓戰這場「內戰」早已結束；這意謂著北韓將統一半島，民族國家將走向正常化，也將還復境內自日治起，即遭壓迫之人民以正義。

我們大致可以這兩極立場，牽繫晚近十年，在台灣出版的各式北韓實錄。其中，我個人認為內容最豐富、且不流於單向控訴的，是《我們最幸福》（*Nothing to Envy: Ordinary Lives in North Korea*；麥田，2011）與《這就是天堂！》（*Ici, c'est le paradis : Une enfance en Corée du Nord*；衛城，2011）兩書。然而，無論內容是否豐富，這些實錄，大致共享一個基本假設，即將北韓政權視作某種幻景，或非日常的奇觀，所記述的，不外乎是個人在脫離了那般幻景、重回「正常人世」之後的感懷或追憶。

這時，《非軍事區之北》一書，反而體現了突破上述假設的價值：它用素描簿般的簡樸形式報導現場，不獵奇、亦不渲

染地，直述了北韓民眾的所謂「日常生活」。簡單說：它提出了一種平實的見證。而我猜想，《愛與戰爭的日日夜夜》，同樣顯現了這樣一種直證的力道。

2.

我的第一本加萊亞諾（Eduardo Galeano）之書，是《歲月的孩子：366個故事》（*Los hijos de los días*；南方家園，2014）。這本書形同年曆，在一年裡的每個日子底下，加萊亞諾都寫下一則短文，記述了歷史中的當天，曾經發生過的真實事件。出於好奇，我直接翻到二月二十九日，想知道為了這個本來就不是常有的日子，他會記下什麼特別的事。結果，「這一天在1940年，」加萊亞諾反高潮地這麼說：「是個再平常不過的日子。」因為：

一切都在意料中，二月二十九日，好萊塢頒發了八項奧斯卡獎給電影《亂世佳人》（*Gone with the Wind*，1939），它為緬懷已然消逝的奴隸盛世而喟嘆不已。

自此，好萊塢確立了自己的慣性。

　　表面上，行文看來平淡無奇。不過，當我重讀短文，加萊亞諾寫下的，「今天這個日子總是慣性地從日曆上逃跑」這樣的開頭，突然有了特別的意義。原來，他是將這個「慣性逃跑」的日子，比喻為他始終關注的，追求自由的黑奴——在其他許多書裡，我們都會讀到他對逃亡黑奴聚落的栩栩描述。接著，他話鋒一轉，反諷起對黑奴而言，一個更大的網羅：那總是溫情地自我再現、也總是「拿他人的血來暖自己」的美國娛樂業。

　　加萊亞諾的書寫，就像一種奇妙的織錦，總將取自沉重語境裡的線索，綴集成一小幅常令人會心一笑的圖畫。當一年裡的每日每夜，都由他這樣題記時，《歲月的孩子》對我而言，是一部頗奢侈的時光見聞。一方面，用精簡如實的字句，這本書留存了人類話語理序的骨幹，好像往事最適合直述；就像經驗，從來就應當不加矯飾地傳遞。另一方面，它當然也揭曉了，在那珍罕的一點點理序之外，人類文明裡，那更難解、更廣袤的瘋癲，愚昧或暴力。簡單說：加萊亞諾像是用笑容，顯現出那個倒映著笑容的無底深淵。

　　一段時日，我讀著這樣的加萊亞諾，讀他寫的鏡子之書，足球之書，女人之書，《擁抱之書》（*El libro de los abrazos*；南方家園，2017）等等；或者，是他將拉丁美洲的傳說與史實、喜樂及悲傷，均用這般片片段段，集纂成紀年史書的代表作，

《火的記憶》（*Memoria del fuego*）。我猜想，所有這些書，與《歲月的孩子》相仿，都可以是同一本更大的書的索引，不變地，索引著加萊亞諾想為拉丁美洲寫下的，一部重新的履歷。於是不無矛盾地，這位重組時間碎片的專家，對我而言，彷彿是靜停在自己的寫作時間之中了──在那裡面，好像他是四十歲、五十歲，還是六十歲，都沒有什麼差別。

　　大概也是因為有此印象，所以，我很遲才發覺自己，其實倒讀了加萊亞諾：原來，我最早讀到的《歲月的孩子》，是加萊亞諾七十一歲時的作品，距離 2015 年，他因肺癌而辭世，只剩下四年光陰。當我發覺他擅長拆解的時間，當然，對他還是有著效力時，我再回去翻找《歲月的孩子》裡，他為四月十三日──自己逝世當天──所寫下的記事，像翻找一則他自訂的預言。在此，預言彷彿有了宿命的色澤，因為加萊亞諾為此日，寫下了或許，是自己一生寫作歲月裡，最重要的主題：他記述，在 2009 年是日，四十二位聖芳濟修會的修道士，在墨西哥完成了一場向原住民道歉的儀式；為了四百多年前，他們的同僚焚燒馬雅人典籍、毀散了馬雅人積累長達八個世紀的集體記憶。

　　事關記憶與遺忘的鬥爭，也事關重新解讀拉丁美洲自身的履歷，加萊亞諾將這則記事，定名為「我們曾不懂觀看你」。

3.

　　大概也像是宿命，在拉丁美洲繁星般的文學創作者之中，加萊亞諾是我們比較容易錯過的一位。主要因為他，並不在拉美最舉世周知的文學浪潮——魔幻現實主義（Magic Realism）文學大爆炸的象限裡頭。甚至，加萊亞諾是有點站在「文學」這件事的反面：他反對除了如上所述的，讓讀者直接體認事實以外，一名寫作者，還能有什麼更加「神聖」的職責。

　　於是也可以說，當拉美魔幻現實浪潮裡的諸位創作者，如馬奎斯（Gabriel Garcia Marquez），或尤薩（Mario Vargas Llosa）等人，均以新聞寫作的訓練為基礎，且透過運用小說的虛構裝置，讓拉美的現實，在特定範圍裡，更深刻地再現出來時，加萊亞諾是有點孤單地，站到虛構技藝的規訓之外去了——表面上，他好比《百年孤寂》（*Cien años de soledad*）裡，重複製作小金魚的邦迪亞上校，多年以來，只專注於將歷史和傳說，都重新打磨成一則又一則的新聞。

　　而恐怕，仍然像是宿命：就像我們容易錯過加萊亞諾一樣，我們其實，也不盡然就能深解拉美魔幻現實主義——縱使近四十年來，它持續影響著台灣文學。從1982年，馬奎斯獲頒諾貝爾文學獎的效應算起，台灣文學創作者對魔幻現實的接

受與轉化，主要聚焦在技藝層面，關於怎樣想像時空的可能，或者，如何建構敘事的幻術。它有時被與「古已有之」的華語說書傳統，硬是聯想在一塊；有時，說不定更不濟：它只是奇幻小說的一個看上去比較嚴肅的別名。

無論如何，由於普遍缺乏探測政經結構的能力或意願，在台灣文學創作者的借鑑中，「魔幻」美學是被多元實踐了；至於這樣的美學實踐，是否真為抵拒關於現實的什麼，則顯得不是那麼要緊了。這時，始終站在象限外的加萊亞諾，反而成為我們更深切理解他者，與我們自己之空闕的重要參數。

在年僅三十一歲時，加萊亞諾即寫成了《拉丁美洲：被切開的血管》（*Las Venas Abiertas de América Latina*；南方家園，2011）。這部論著的特出之處，首先是加萊亞諾在消化大量史據後，用最簡明的二部結構，將拉美殖民史，呈現為一則既連貫又對立的敘事。敘事前半，是自1492年，以哥倫布（Cristoforo Colombo）那「偉大的迷航」為起點，所轉出的歐洲殖民體制素描。加萊亞諾勾勒，當歐洲、非洲與美洲三邊貿易網絡建成，拉美如何成為勞力輸入，與原物料外流之地；它如何以提供單一生產物的「莊園」（colony）樣態，被捲入了「倚賴型經濟」之中。敘事後半，則描繪歐洲退場後，美國對殖民體制的實質繼承。

　　這則史敘前後連貫，自是因為拉美始終深陷於上述經濟框架內，仍然持續失血，無法自救。在此，相較於拉美因物產豐饒而深受宰制，北美，有著「貧瘠者的幸運」。初始，它由歐洲導入相對自足的生產形式；繼而，本土資本家以運販黑奴所得，資助爭取國家獨立的軍火；終於，這些資本家，創建了全美洲唯一一個「自由」的國度，成為貿易網絡的最大受益者。

　　這則史敘兩部對立，自是因為美國一方，將殖民體制，演化到了拉美舊殖民諸國皆難以企及的深度。從此，殖民毋須爭奪領土，而殺戮皆在無聲處進行；既透過投資或經援以遙控本地生產，也透過對特定政權的扶植與掌握，以保護美國的投資，並且——影響更深遠地——支配起政權底下，所有人的生活條理。從此，拉美彷彿是美國的話語哈哈鏡：隔著一條國界，「自由市場」、「民主政治」等一切現代性辭彙，對國界兩邊的實質意涵絕然相異。如加萊亞諾所述：在烏拉圭，關押人數最多的監獄，悖論地，就叫作「自由」。

　　於是，加萊亞諾簡明呈現的二元史話，我們其實可以藉助當代理論，更簡單地這麼說：多年以後，由美國主導的拉美「全球化」運動，終於，完成了歐美全面殖民拉美生活世界的任務。

4.

　　《拉丁美洲：被切開的血管》的特出之處，更因為以上述敘事為主軸，加萊亞諾譜寫出一部生動的物質史。他描述在第二次航行時，哥倫布如何將非洲加那利群島（Islas Canarias）上的蔗糖根，轉運到加勒比海插種，直到遍島糖蜜。他描述橡膠種子，如何被藏在一間形同棺廓的船艙裡，被從亞馬遜雨林深處偷渡而出，從倫敦溫室，傳遍日不落帝國諸藩領，直至馬來西亞。他描述可可，棉花，咖啡，金礦，銀山，甚至鳥糞等物的遷移路線，彷彿，是為我們復現那個「物種大交換」時代的盛況，將我們如今視作當然的人擇地貌，一圈圈，一層層，為我們剝檢殆盡，直到荒原裸裎。奇妙的是，加萊亞諾的剝檢，全無虛構成分，有的，僅是對史據的細心琢磨，與再次布散。

　　是在這裡，我們發覺了加萊亞諾式的新聞寫作，在衝決更宏觀時程時，所激發的效力。或許能這麼說：比起深層再現拉美現實，他其實，更想直接坦露關於拉美人文，一幅漫無邊際的時餘地景；像地質學者，他教會我們解讀，我們眼下所見的，嶙峋陸離的怪石，其實悖論地，確證了現實仍然持恆的作用。

　　於是一方面，當史敘簡明卻依舊發人深省，我們知道，艱困的，永遠不是如何敘事。如2009年——即如前所述，加

萊亞諾寫下的「我們曾不懂觀看你」是事的是年——當委內瑞拉總統查維茲（Hugo Chavez），特地在美洲高峰會上，將《拉丁美洲：被切開的血管》一書，送給美國總統歐巴馬（Barack Obama）時，我們知道，關於拉美困境，查維茲要求歐巴馬的，不是如何新穎的詮解。

另一方面，當對同一艱困現實的重新體感，成為唯一迫切的訴求時，寫作者有了極其嚴峻的挑戰——首先，是「我」的在場感知必須言表。就此而言，加萊亞諾的確如自己所言，思索著如何突破簡明史敘裡，「單一視角」的限制；如何，再用「更少的話說出更多的內容」。

對加萊亞諾而言，這一切實踐，都由《愛與戰爭的日日夜夜》一書開始。

5.

《愛與戰爭的日日夜夜》出版於1978年，那年，加萊亞諾三十八歲，流亡到西班牙大約年餘，已在巴塞隆納北濱約五十公里處的小鎮安頓下來，從此，直到1985年，方能再返烏拉圭。這本書因此首先是一個終點，寄存了離開拉丁美洲前刻，當加萊亞諾在阿根廷首都布宜諾斯艾利斯主持《危機》（Crisis）

月刊期間，與其他反對運動者的共同奮鬥。用最近即的觀察距離，和無法再更迫切的敘事方式，加萊亞諾為我們，栩栩寫下了異議者群像。

　　對加萊亞諾而言，這個「危機時期」，始於 1973 年 4 月。彼時，烏拉圭軍方奪權在即，被列入黑名單的加萊亞諾遭到逮捕，進了刑訊中心，之後，又被監禁在一間「看不見光也走不了超過三步」的牢房裡。鎮日，只有黑暗中的尖叫聲，與一隻老鼠相伴。加萊亞諾不知被囚禁了多久，只記得自己獲釋當天，得知畢卡索已在一週前辭世了。

　　僥倖獲釋後，加萊亞諾渡河，逃往布宜諾斯艾利斯，這座在彼時的拉丁美洲看來，稍有言論自由的城市。在加萊亞諾的主持下，《危機》從 1973 年 5 月起發刊，它堅守「文化是人與人之間創造的任何相遇場所」、「是交流，否則就什麼都不是」的大眾立場，集結泛美左翼作者，傳播「直接源自現實的文字」，以「證明我們是誰，對想像做出預言，揭發阻擋我們的力量」。《危機》一時，成為異議者的街壘。

　　直到 1976 年，泛美右翼國家恐怖主義，終於也追擊而來，在布宜諾斯艾利斯合圍。始自瓜地馬拉，一如玻利維亞、智利與烏拉圭等國，在冷戰框架下，阿根廷軍政府由美國以同樣手段扶植上台，加入了「骯髒戰爭」：以國家暴力清除異議者。

《危機》的作者群與贊助者，遭遇種種人身迫害。5月，作者群之一，在加萊亞諾眼中，「阿根廷最好的小說家」孔蒂（Haroldo Conti）也「被失蹤」了。7月，就在新的刊前送審制度頒行、孔蒂死訊亦被側面證實了之時，《危機》團隊決議關閉雜誌社，倖存同志各自潛離。

　　《愛與戰爭的日日夜夜》記錄的，即是在這揮之不去的陰翳雲層底，偶然敞開的容光塊土上，曾經有過的生機。記錄「每個人曾經綻放的光彩，和離開時留下的一小縷煙」。在此，加萊亞諾所言的「人的相遇」，有了摯切的彼此深許之意。如本書其中一個片段所示──每逢雜誌出刊日，都會有二十幾名烏拉圭人，由一位「曾經被長期監禁」的老教師帶領，在早上，他們：

　　過河來到阿根廷的領土。所有人一起出錢買一份《危機》，隨後前往咖啡館。其中一人一頁一頁地高聲朗讀給所有人聽。他們邊聽邊討論內容。朗讀持續一整天。結束之後，他們就把雜誌送給咖啡館老闆，然後回到我的國家──在烏拉圭，這本雜誌已遭禁。

　　「哪怕只是為了這件事，」我心想，「也值得。」

這些讀者，提醒加萊亞諾切勿絕望，且再繼續平寧地奮鬥。他們，使稍早渡河的那位寫作者，當每逢灰心之際，在有時，不免自覺不過是「披上魔術師的斗篷，戴上船長的寬帽或者安上小丑的鼻子」那樣，「抓緊圓珠筆開始寫作」時，不會被寫作自身的虛妄性給挫倒——寫作到底有沒有意義？具不具備介入現實的效力？當以文字，「我摸索，我巡航，我召喚」的此刻，是否真有「我們」所熱盼什麼，會受召而來？

在《愛與戰爭的日日夜夜》裡，加萊亞諾無非，也是以同一種靜默的希望，註釋著各自困厄的同行者們。在此，所謂「人的相遇」，有了更其遠託的悲傷。是這樣的：當陰雲再度密合，昔時容光塊土形同幻景；當國家依舊骯髒，一切寄存真確希望的記憶，必然，僅是將被「撒謊的機器」湮滅之人的自我記憶。

記憶，因此如加萊亞諾所言，既是「我的毒藥」，也是「我的食物」。

6.

關於記憶。他們每日苦勞，不問薪資多寡，有無其他福利。每隔幾天，他們就去坐牢，或被軍警恐嚇，卻仍然保持泰然與幽默。前去應訊時，以防萬一，他們先互相道別。不必應付偵

訊、也未出刊的日子裡，他們四處打工，存下錢，以備下一期
發刊用。半夜總是出狀況，在窄仄編輯室內，他們奔竄接電、
修機器，找紙卷。清早，真的不知道是「上帝存在的明證還是
團結的魔力」，刊物竟然還是順利印出，出現在街頭書報攤上
了。他們走上大道，互相擁抱，慶祝這又一次的奇蹟。

　　這間屢屢創造奇蹟的編輯室，從加萊亞諾十四歲，在社會
主義周刊《太陽》（El Sol）擔任畫工起，直到《危機》關閉，在
二十多年內，雖然數易其所，但其實，就像是維繫無盡苦勞的
同一間斗室。那些無法再次生還回斗室的苦勞者，同志們，在
加萊亞諾記憶裡，從長輩、平輩，直到漸漸更多的是晚輩。加
萊亞諾，是在這樣的年歲追趕中成長，也在這樣一回回的錯身
中，數次隨之失去了生存的願力。

　　這是本書書名中，「日日夜夜」一詞，苛刻卻寫實的意涵：
當加萊亞諾將自己記憶，從「危機時期」向前探究，如實地，
將不同時期的斗室重疊並觀，他提記了一種對比：在一場未完
的戰事裡，抗爭者永遠死難，不變地，依於對公理與正義的愛；
而相對於此，真正藉著這場戰事，不斷獲得進化的，其實是獨
裁政府的手段。

　　開始，他們以嚴刑峻法震懾異議者；後來，他們發現「一
次公開槍決就可能引發國際醜聞」，「倒不如享受成千上萬起失

蹤案的無罪推定」。開始,製造失蹤僅是為了超越律法限制的一種手法;後來,他們發現這種手法的震懾力,其實更強效,也更持久。如加萊亞諾所言:

「被失蹤」的技巧:沒有犯人抗議,也沒有殉道者哀悼。是土地吞噬人民,而政府為大地洗淨雙手。在這之間,沒有罪行可以告發,也沒有必要做出任何解釋。每一次致死的原因一而再、再而三的消逝,直到最後徒留在你的靈魂裡的,僅驚恐及不確定的迷霧。

因為什麼都無法確證,記憶者「你」,將被擲入永遠的煉獄裡:在「你」記憶中的每位屈死之人,都將再死很多次。一如無比魔幻地,在孔蒂「被失蹤」後的第三年,阿根廷政府教育部發函,宣布孔蒂教授因另有要務,即日起,正式自教職榮退。若無其事,就當三年來他一向活著、也將會繼續活著一樣。

開始,他們謀殺;後來,他們持續攻擊「你」的記憶。

7.

寫作因此變得必要,或再次可能,不為其他龐然設想,僅

因寫作這項技藝，猶存的最原始目的：留存個人記憶。寫作變得原始，卻使人專注，彷彿寫時，「你」只與那禁絕「你」一切作品的政權正面對視。「你」多寫的每一行字，在「你」眼前，都是記憶的歡快逃生。

說不定因此，在寫作《愛與戰爭的日日夜夜》這本具總結意義的書時，加萊亞諾，同時為自己找到了寫作的新起點。如前所述：從流亡客居、直到重返故土，直到再之後更長久的時光，他將藉助本書所創造的，一種獨具風格的片段化書寫，將拉丁美洲的集體歷史與個人感知，悲喜同存地，織錦成一次又一次重新的觀看。

亦如本書壓卷片段所示：1977年夏，在地中海濱海小鎮，加萊亞諾度過一段寧靜時日。他描述食物：紅潤的甜菜，與油、鹽攪拌的番茄，在熱鍋上炒熟的辣椒，各種香料；一個繽紛馥郁的小宇宙。他解讀這個小宇宙，情感複雜地寫道：「我們都知道如果沒有香料，我們都不會生在美洲，我們的餐桌和夢也會缺少魔力。」彷彿，「重新觀看」是這樣的：換過一種維度，「你」置身於重層的光影裡，某種意義，故土同時既在也不在——它既被禁絕於海外，也其實，細細碎碎，無處不在「你」當下所能體感的一切事物之中。換過一種維度，生還的記憶彼此聯繫與信靠。

　　於是，作為讀者，我們不妨稍僭越些，以加萊亞諾在《愛與戰爭的日日夜夜》裡創造的織錦術，代他復原1977年的盛夏一瞥。必定有一時，在那孕育歐洲文明的地中海濱，無名的風吹起，像為他重映了尚未遂實的航線。像熱那亞人哥倫布尚未長大，學會西航。像他尚未航過法國南濱，在那裡，加萊亞諾永遠記得，高齡九十一的畢卡索，即將在妻友環護的晚宴——繽紛的油鹽、辣椒與豆蔻——裡安然辭世；而隔著大西洋，在跨過赤道的另一端，那些遠遠更年輕、處境更危疑的革命之子，就要再度，集體走進肅殺之秋。

　　然而，且慢，此刻熱那亞人尚未西航，來到加萊亞諾眼前；因此，他尚未在大西洋上迷途，肇啟未來那麼多的肅殺。像個人往歷，皆已隨流亡隱沒的加萊亞諾，還不曾站在最近一次客居的海濱，無數次，看哥倫布就要闖過咽喉般的直布羅陀海峽，去尋索個人的「偉大」。像最後的最後，加萊亞諾還未終於返鄉、定居並死於自己出生地，像從未離家，卻已然寬闊漫行，一次次拾撿、歸檔並寄存了熱那亞人即將創造的一次時爆殘骸。此即自《愛與戰爭的日日夜夜》起的加萊亞諾：唯因記憶而自由之人，方能忠實於記憶。

　　祝福這本重新之書的再度面世。

【附記】加萊亞諾作品繁體中文版存目：

《拉丁美洲：被切開的血管》（*Las Venas Abiertas de América Latina*），王玟等譯，南方
　　家園，2011年。

《女人》（*Mujeres*），葉朱臻臻譯，南方家園，2013年。

《鏡子：一部被隱藏的世界史》（*Espejos:Una Historia Casi Universal*），張偉劼譯，八
　　旗，2013年。

《歲月的孩子：366個故事》（*Los hijos de los días*），葉朱臻臻譯，南方家園，2014年。

《擁抱之書》（*El libro de los abrazos*），葉朱臻臻譯，南方家園，2017年。

愛與戰爭的日日夜夜

這裡講述的一切，都真實發生過。作者按照記憶裡留存的樣貌寫下。為數不多的幾個名字有所更動。

僅以此書，獻給埃倫娜‧比利亞格拉（Helena Villagra）

在歷史長河中，一如在大自然裡，腐朽是生命的實驗室。

——卡爾·馬克思（Karlos Marx）[1]

---

1 愛德華多·加萊亞諾曾談及這段題記的一則趣事：《愛與戰爭的日日夜夜》在德國出版時，編輯請教他這句話的確實出處。他忘了。他遍尋馬克思的著作也沒有找到；他翻了又翻，「將生命全奉獻在尋找這句話」。然而，這句話其實是法國哲學家喬治·巴塔耶（Georges Bataille）一篇隨筆〈La "vieille taupe" et le préfixe sur dans les mots surhomme et surréaliste, 1929〉的題記。

風吹上朝聖者的臉

在卡拉卡斯（Caracas），艾達·阿馬斯（Edda Arms）向我說起她的曾祖父[2]。她知道得不多，因為故事開始的時候，曾祖父已年近七十，生活在克拉裡內斯區（Clarines）深處一座小村莊的中心地帶。他不但年事已高、窮困潦倒、體弱多病，還是個瞎子。而且——任誰也無法知道——他竟和一個十六歲的女孩結婚了。

然而，不時有人一再逃離。不是她，而是他。他逃離，並來到馬路上，蹲伏在樹林間等待腳步聲或輪胎聲響。然後，這盲眼的男人便走到十字路口，請求對方帶自己去隨便什麼地方。

如今，他的曾孫女如此想像他：只見跨坐在驢屁股上緩慢前行，並一路大笑，或坐在牛車後面，被升騰的灰塵包裹，和鳥腿一樣細瘦的雙腿跨在貨車邊緣雀躍地搖晃著。

2　委內瑞拉首都卡拉卡斯是女詩人艾達·阿馬斯的出生地和故鄉。

閉上眼，我身處大海之間

　　我在布宜諾斯艾利斯（Buenos Aires）遺失不少物品。太過倉促也好，運氣不好也罷，總之沒人知道那些失物到底在哪裡。我離開的時候僅剩幾件衣物和一疊稿紙。

　　我不抱怨。有那麼多人失蹤的情況下，為這些失物哭泣委實是對痛苦有失尊重。

　　吉普賽式的生活。那些物品陪伴過我，而後突然離開。夜晚我還保有它們，白天便丟失它們。我不被這些物品囚禁；它們決定不了任何事。

　　我和格拉謝拉（Graciela）[3]分手的時候，將蒙得維的亞（Montevideo）的家原封不動的留下。古巴的貝殼、中國的長劍、瓜地馬拉的掛毯、光碟片、書籍以及所有一切。帶走任何東西無異於詐騙。一切全屬於她，屬於我們共有的時光，一段我深深感激的時光；我就這樣啟程走向未知，空無一物且了無負擔。

　　我的記憶會留住值得記住的。我的記憶比我本人更了解我自己；它從不會遺失值得留存的。

3　即愛德華多・加萊亞諾第二任妻子格拉謝拉・貝羅・羅維拉（Graciela Berro Rovira）。

　　我內心沸騰：城市以及人民，從我的記憶裡剝落，漂移而來：我出生的土地，生養過的孩子，曾經滋養我的靈魂的男男女女。

布宜諾斯艾利斯，1975年5月：石油是致命話題

1.

　　昨天，埃塞薩（Ezeiza）機場[4]附近發現一名《觀點報》(*La Opinión*)[5]的記者身亡。他叫豪爾赫‧莫內（Jorge Money）。他的手指被燒毀，指甲也被拔光。

　　在雜誌社的編輯室裡，比利亞爾‧阿勞霍（Villar Araujo）細細哂著菸斗問我：

4　埃塞薩：鄰近布宜諾斯艾利斯西南約三十五公里處的一座城市。

5　《觀點報》：由阿根廷知名記者哈科沃‧齊默爾曼（Jacobo Timerman）在布宜諾斯艾利斯創辦的日報。1971年創刊。因揭露和譴責骯髒戰爭（見註釋9）的暴行，受到阿根廷軍政府及其支援的右翼組織的迫害。1977年被禁止發行前後，發生過數起針對該報記者及其他工作人員的綁架、拘禁和殺害事件。

「那麼，什麼時候輪到我們？」

我們相視而笑。

在當期的《危機》（*Crisis*）[6] 裡，我們刊登了比利亞爾所撰寫的阿根廷石油調查報告的最後一部分。文章揭發這個國家現行石油契約裡的殖民條款，並詳述其惡劣行徑和犯罪傳統的石油業歷史。

「只要事關石油，」比利亞爾寫道，「沒有任何死亡純屬意外。」1962年10月，在貝亞維斯塔（Bella Vista）一幢獨棟別墅裡，帝伯爾・拜雷尼（Tiber Berény）遭槍殺，三槍分別從三個不同角度擊中身體不同部位。根據官方書面報告，這是一起自殺案。然而，拜雷尼並非柔軟操特技演員，而是殼牌公司的高階顧問。顯然他同時身兼數家美國企業的雙面甚至三面商

6　愛德華多・加萊亞諾在布宜諾斯艾利斯主持的文化月刊。1973年5月起共出版四十期。內容涵蓋文學、藝術、流行文化、拉丁美洲政治、經濟、歷史等。介紹並刊載巴布羅・聶魯達（Pablo Neruda）、阿萊霍・卡彭鐵爾（Alejo Carpentier）、加布列・賈西亞・馬奎斯（Gabriel García Márquez）、吉馬良斯・羅薩（João Guimarães Rosa）、尼可拉斯・奇彥（Nicolás Guillén）等作家作品，發表犀利的政治、經濟評論，深具影響力。阿根廷骯髒戰爭（Guerra Sucia, 1976-1983）期間，由軍政府統治並實施恐怖統治，造成上萬名所謂異議分子失蹤。月刊的工作人員、撰稿人及相關作家、學者成為極右勢力恐嚇、綁架、殺害的目標。1976年7到8月間，因無法忍受刊前送審，愛德華多・加萊亞諾和同事關閉辦公室，將鑰匙扔進拉普拉塔河。《危機》的工作人員和參與者，他們的名字和故事在本書中經常被提及。

業間諜。更近期的，則是今年2月，阿道弗・卡瓦利（Adolfo Cavalli）的屍體被發現。卡瓦利曾擔任石油工人同業工會領袖，之後身陷醜聞。失去權力反而讓他的想法有了改變。近來他不斷鼓吹石油全面國有化的優點，更重要的是，他在軍方有足夠影響力。當他在索達迪維拉（Villa Soldati）被子彈射穿時，手裡拿著一個公事包。這個公事包不見了。報章媒體紛紛報導這只公事包裝滿了錢。犯罪動機為謀財搶劫。

比利亞爾將阿根廷這些案件與國際上充斥石油氣味的凶殺案聯結起來。並在文中提醒：「各位讀者，在寫完這篇文章後，若你們發現我在過馬路時被公車輾過，請儘管往壞處想，就一定沒錯。」

2.

新聞。比利亞爾興致勃勃地在我的辦公室等我。某人透過電話，以緊張的口吻說，卡瓦利的公事包裡裝的不是現金，而是文件。

「沒人知道那是什麼文件。只有我知道。因為是我把文件交給他的。我很害怕。比利亞爾，我想讓你也知道。那個公事包裡有……」

就在此時，喀。電話斷線了。

3.

昨晚比利亞爾‧阿勞霍沒有返家睡覺。

4.

我們四處找他。記者宣布罷工。地方日報今天未出刊。部長許諾親自調查此事。警方否認掌握任何線索。我們在雜誌社接到許多匿名電話，提供相互矛盾的資訊。

5.

比利亞爾‧阿勞霍昨夜出現在埃塞薩附近一條空蕩蕩的馬路上，他還活著。他和另外四人一起被扔在那裡。

過去兩天他沒吃沒喝，並被罩上頭套。他遭盤問那些文章的消息來源，以及其他。他只看到對方的鞋。

聯邦警察發布對此事件的聲明，宣稱比利亞爾‧阿勞霍不過是被誤抓。

十年前，我參加了這齣戲的總彩排

1.

今晚，有多少人會從家裡被蠻橫的抓走，背後布滿彈孔的被丟進荒地？

又有多少人會被斷手斷腳、被砲彈襲擊、被火焚燒？

恐怖自陰影中悄然逼進、出手攻擊，又回到黑暗中。女人紅腫的雙眼，空蕩的椅子，碎成一片的木門，某個再也不會回來的人：瓜地馬拉1967年，阿根廷1977年。

那是官方口中「和平的一年」的瓜地馬拉。但是，不再有人於瓜蘭地區（the city of Gualán）捕魚，因為漁網撈上的淨是人的屍體。時至今日，潮水依舊會把人的屍首沖上拉普拉塔河灣（Río de la Plata）沿岸。而十年前，浮屍出現在莫塔瓜河（Río Motagua）[7]，或是破曉時分在山谷或路旁的排水溝裡被發現：面目全非，永遠不會被認出來。先是威脅，然後綁架、行凶、拷

7　瓜蘭地區：位於瓜地馬拉東部，距離首都瓜地馬拉市約一百六十五公里，莫塔瓜河流經其中。拉普拉塔河灣則是巴拉那河（Río Paraná）和烏拉圭河（Río Uruguay）滙流而成的河口灣，位於阿根廷及烏拉圭之間。

打、暗殺。宣揚與「光榮的瓜地馬拉軍隊」並肩作戰的NOA（新反共組織）拔掉敵人的舌頭、切斷他們的左手。而MANO（民族主義反共運動組織）則和警方合作，在死囚的門上釘上黑色十字架[8]。

如今，在阿根廷科爾多瓦（Córdoba）的聖羅克（San Roque）湖底出現了被綁上石頭沉湖的屍體，瓜地馬拉農民則在帕卡亞火山周圍發現一處墓地，裡面堆滿腐爛的屍體和白骨。

2.

刑訊室裡，拷打者在受害者面前享用午餐。孩子被逼問父母的行蹤：父母被吊起來並施以電擊，逼迫他們洩露孩子目前所在。《每日新聞》的一則報導：「一群平民打扮的人，臉被黑色頭套罩住……他們開著四輛福特獵鷹來了……所有人全副

8　民族主義反共運動組織應指Movimiento de Acción Nacionalista Organizado，又稱白手（Mano Blanca）。和新反共組織（Nueva Organización Anticomunista）一樣，皆為準軍事單位、處決隊或暗殺小組。不同的是，前者隸屬於軍方支持的政黨民族解放運動（Movimiento de Liberación Nacional），後者則與該國這一時期湧現的其他團體一樣，屬幽靈組織，供同一集團從事法律不允許的行動。白手接受美國陸軍特種部隊的訓練，藉軍隊情報機構蒐集資訊，從事炸彈攻擊、街頭暗殺等活動，並製造失蹤。

武裝，包括手槍、衝鋒槍、伊薩卡霰彈槍……第一批警力在屠殺一小時後抵達。」犯人們從監獄裡被拖出去衝鋒陷陣，並在衝突中死於「企圖越獄」，而軍方無一傷亡。布宜諾斯艾利斯的黑色幽默：「我們阿根廷人分成幾種：恐慌的、入獄的、埋葬的、流放的。」死刑於1976年年中列入刑法；但是在這個國家，每天都有未經審判、未經定罪的人被殺。多數皆為死不見屍。智利獨裁政權毫不遲疑地仿效這套成功模式。一次公開處決可能淪為國際醜聞：數以千計的失蹤案卻可推定無罪。就像在瓜地馬拉，親人朋友踏上危險而無意義的朝聖之旅，從一座監獄到另一座監獄，從一處營房到另一處營房，與此同時，屍體在山野間或垃圾場裡腐爛。「被失蹤」的技巧：沒有犯人抗議，也沒有殉道者哀悼。是土地吞噬人民，而政府為大地洗淨雙手。在這之間，沒有罪行可以告發，也沒有必要做出任何解釋。每一次致死的原因一而再、再而三的消逝，直到最後徒留在你的靈魂裡的，僅驚恐及不確定的迷霧。

3.

瓜地馬拉是拉丁美洲第一個大規模執行骯髒戰爭的試驗場。由美國訓練、指導並武裝的人員推進滅絕計畫[9]。1967年是漫長

的聖巴托羅繆大屠殺（St. Bartholomew's Day massacre）[10]。

　　暴力早在幾年前就已經在瓜地馬拉展開，1954年6月的某個傍晚，卡斯蒂略・阿馬斯（Castillo Armas）的P-47型飛機遮天蔽日。隨後，土地被交還給聯合水果公司（the United Fruit Company）並通過一部譯成英文的新石油法案[11]。

9　航髒戰爭是國家恐怖主義的代名詞。20世紀60年代起發生在拉丁美洲的航髒戰爭為一系列由軍事獨裁政府發動，由準軍事單位施行，通過恐嚇甚至滅絕異己，來應對國內動盪和危機的國家恐怖主義。在阿根廷是1976至1983年，烏拉圭為1973至1985年，墨西哥和巴西是60年代中期至80年代中期，智利則是奧古斯托・皮諾切特・烏加特（Augusto José Ramón Pinochet Ugarte）掌權後的70至80年代。規模最大、為害最甚的是瓜地馬拉，一國暴行超過智利、阿根廷和烏拉圭三國獨裁者暴行的總和。美國則以人員、技術支援和資金援助的方式參與這些航髒戰爭。

10　聖巴托羅繆大屠殺：指1572年8月23日晚間，天主教派屠戮至巴黎和談的胡格諾派兩千餘人的事件。瓜地馬拉大屠殺由於發生在聖巴托羅繆節（8月24日）前夜和凌晨之間，故名。而根據被趕出瓜地馬拉的美國天主教神父湯瑪斯・梅爾維爾（Thomas Melville）的說法，這一年內，便有兩千八百多名知識分子、學生及工會領袖等慘遭暗殺。然而，這只是神父根據媒體報導統計出來的，實際人數可能更高。

11　聯合水果公司是1899至1970年間一家美國公司，大量收購第三世界國家種植園的熱帶水果銷往歐美，曾長期控制拉丁美洲的香蕉出口，壟斷當地市場，對多國的經濟、政治造成影響。50年代，它是瓜地馬拉最大的土地占有者和勞工雇主，總統哈科沃・阿本斯（Jacobo Árbenz Guzmán）推進的土地改革和新勞動立法與其利益抵觸，該公司遂在美國政府部門發起阿本斯將帶領瓜地馬拉加入東方集團的宣傳戰。1954年，中央情報局組織瓜地馬拉流亡軍隊，以卡斯蒂略・阿馬斯為首策動軍事政變。阿馬斯接替阿本斯出任總統（1954-1957在任）後，將瓜地馬拉1944年以來十年革命成果一夕逆轉。

　　三A聯盟（Argentine Anticommunist Alliance，阿根廷反共聯盟）1973年10月首次為世人所知[12]。如果說瓜地馬拉爆發骯髒戰爭是為了鐵血鎮壓土地改革，其後更是擴大範圍，以抹去那些沒有土地的農民的記憶，那麼在阿根廷，恐懼則始於胡安‧多明哥‧裴隆（Juan Domingo Perón）回到權力高位，他辜負此前漫長流亡中他所喚醒的民眾的希望。布宜諾斯艾利斯的黑色幽默：「權力如同一把小提琴。左手握住就要用右手拉弦。」隨後，1976年夏末，軍人重新掌權玫瑰宮[13]。此時，工資僅值一半。失業率成倍數增加。禁止罷工。大學教育退回中世紀。跨國企業重新掌控石油業、銀行儲蓄和肉類穀物買賣。新的法條允許將跨國企業和本國之間的法律爭端移交他國法庭。廢止外國投資法案：如今，跨國企業可隨心所欲、予取予求。

　　阿茲提克活人獻祭[14]於是在阿根廷如實上演。這麼多鮮血獻給了哪個瞎眼的神祇？若非每日獻上五具屍體的代價，哪能將這套體系強加在拉丁美洲組織最完整的工人運動上？

12　阿根廷極右翼裴隆主義者團體，1973年組建。骯髒戰爭中作為行刑隊，針對左翼政治家、藝術家、知識分子等製造了千餘起失蹤和死亡。

13　阿根廷總統府，因粉紅色外牆得名。

14　南美古文明（包括馬雅文化及阿茲提克文化）中，當遇到饑荒、瘟疫時，會以活人為祭品，祈求神靈不再發怒。

從鑰匙孔窺看世界

瓦萊裡婭（Valeria）要父親把唱片翻面。她說，〈米布丁〉（Arroz con Leche）[15]生活在另一面。

迪亞哥（Diego）和他身體裡的朋友交談，他叫安德列斯（Andrés），從來都是一具骷髏。

范妮（Fanny）解釋了她的朋友今天是如何淹死在學校的河裡，河水很深，其下一逕的透明，能看見大人們的腳和他們的鞋底。

克勞迪奧（Claudio）捉住亞莉杭德拉（Alejandra）的一根手指，並對她說：「借我這根手指。」然後把手指伸進爐灶上一罐牛奶裡，他想知道牛奶是不是太燙。

弗洛倫西婭（Florencia）在房間裡喊我，問我能不能用下嘴唇碰到鼻子。

塞瓦斯蒂安（Sebastián）提議我們坐飛機逃離，卻提醒我要留意燈光和螺旋槳。

瑪麗安娜（Mariana）在露台上推牆，這是她幫助地球轉動

15 《米布丁》：西班牙語系國家的經典兒歌。

的方式。

　　派特裡西奧（Patricio）手指捏著一根點燃的火柴，他的兒子一吹再吹那永不熄滅的小火苗。

我在山裡認識的那些男孩，還有誰活著？

1.

　　他們都很年輕。有的是城裡的學生，有的是農民，皆來自一公升牛奶得花兩天工資才足以購得的地方。軍隊在後面窮追不捨，他們卻講著黃色笑話，高聲笑鬧。

　　我和他們一起待了幾天。吃玉米餅。瓜地馬拉的高地森林夜晚很冷。我們睡在地上，所有人抱在一起，互相取暖以免被黎明時分的冰冷凍死。

2.

　　游擊隊裡只有幾個印第安人。而多數的敵方士兵都是印第

安人。他們聚會狂歡結束後被軍隊抓走，酒醒之後發現已經穿上軍裝並持有槍枝。而後，他們在山間行進，殺死那些可以為他們而死的人。

3.

一天晚上，男孩們告訴我卡斯蒂略‧阿馬斯如何擺脫一名危險的副官。為了防止對方搶走自己的權力或女人，卡斯蒂略‧阿馬斯派他前往馬拿瓜（Managua）[16]執行祕密任務──送一封封印的信給獨裁者蘇慕沙（Somoza）[17]。蘇慕沙在官邸接見他，拆開信當面閱讀後說：

「一切將如貴國總統所願。」

兩人便一起飲酒。

在冗長、愉快的談話即將結束之際，獨裁者送他到門口。霎時，這名卡斯蒂略‧阿馬斯的信使驚覺自己孤身一人，背後

16　馬拿瓜：尼加拉瓜首都。

17　指尼加拉瓜獨裁統治者安納斯塔西奧‧蘇慕沙‧加西亞（Anastasio Somoza García）。控制該國四十四年之久的蘇慕沙家族開創人。他於1937至1947年和1950至1956年擔任總統，實際統治則自1936年開始，直到遇刺身亡。

大門緊閉。

行刑隊已經列隊，正等候著他。所有士兵同時開槍。

4.

以下對話我不知是當時聽到的，或是想像出來的：

「一場跨海革命。整個國家揭竿而起。我想親眼看到……」

「這一切的一切都會改變嗎？」

「直到根源。」

「再也不用出賣勞力換取一無所有？」

「完全不用。」

「也不用忍受那些人像野獸一樣對待別人？」

「沒有誰是誰的主人。」

「有錢人呢？」

「不會有有錢人了。」

「那誰付錢給窮人，收購他們的收成？」

「也不會有窮人了，你懂嗎？」

「沒有有錢人，也沒有窮人。」

「沒有有錢人，也沒有窮人。」

「那瓜地馬拉就沒有人了。你知道的，這裡不是有錢人，

就是窮人。」

5.

瓜地馬拉副總統克萊門特・馬羅金・羅哈斯（Clemente Marroquín Rojas）負責一份善於渲染的報紙，辦公室門口於是安排兩個胖子端著衝鋒槍站崗。

馬羅金・羅哈斯以擁抱迎接我。他請我喝咖啡；輕拍我的背，眼神親切的看著我。

一個星期前我還和游擊隊員一起待在山裡，完全不理解眼前的狀況。「這是個陷阱。」我這麼想著，寧願感覺自己很重要。

此時，馬羅金・羅哈斯解釋道，阿根廷那名著名飛行員的兄弟紐伯里（Newbery）[18] 是他少年時代最好的朋友，而我完全是紐伯里的翻版。他忘了自己面對的是一名記者。化身紐伯里的我聽他怒不可遏的斥責美國，因為他們行事不得要領。早前，一小隊北美飛行員駕駛北美飛機自巴拿馬起飛，並在瓜地馬拉一座山上投擲汽油彈。而讓馬羅金・羅哈斯怒火中燒的，

---

18 豪爾赫・紐伯里（Jorge Newbery）為知名的阿根廷飛行員，而且是拉丁美洲首位飛行員。有一說認為，他是阿根廷空軍（Argentine Air Force）的創建者。

是這些飛機居然未落地瓜地馬拉便直接飛回巴拿馬。

他對我說:「他們本來可以降落的,您不覺得嗎?」而我回答說我的確這麼覺得。

「他們本來至少可以降落的。」

6.

游擊隊員曾對我說。

他們好幾次目睹汽油彈在毗鄰的山頭上爆炸。他們也經常發現泡沫般的炙紅足跡:樹木連根燒光、動物炭化、岩石焦黑。

7.

1954年年中,美國將吳庭豔(Ngo Dinh Diem)[19]扶上越南西貢的王座,並在瓜地馬拉一手炮製了卡斯蒂略・阿馬斯的勝利。

援救聯合水果公司的遠征,一斧砍斷徵收該公司未經開墾

---

19 吳庭豔:1955至1963年任越南共和國(南越)獨裁總統,取得和鞏固政權的過程中多次獲美國鼎力相助。之後在軍事政變中被擊斃。

之地並分配給窮苦農民的土地改革。

　　我這一代人開始參與政治生活的時候，額頭上畫的就是這樣的記號。多少小時的憤慨與無力……我記得那個高大魁梧的演講者，以平靜的口吻自口中噴出火焰，還有蒙得維的亞（Montevideo）[20]那個憤怒聲四起、標語橫幅漫天的夜晚：「我們來告發罪行……」

　　那名演講者叫胡安・何塞・阿雷瓦洛（Juan José Arévalo）[21]。我當時十四歲，他所帶來的震撼難以磨滅。

　　阿雷瓦洛此前在瓜地馬拉開啟了社會改革，這場改革後來由哈科沃・阿本茲（Jacobo Arbenz）深化，然而，被卡斯蒂略・阿馬斯溺於血泊。阿雷瓦洛告訴我們，他在任期間逃過了三十二次政變企圖。

　　多年以後，阿雷瓦洛成為政府官員。一種危險的政府官員，名為悔改者：阿雷瓦洛被任命為阿拉納將軍（General Araña）的特使，輔佐這名絞架及尖刀上的主人——瓜地馬拉

20　蒙得維的亞：烏拉圭首都。
21　胡安・何塞・阿雷瓦洛是瓜地馬拉1944年推翻軍事獨裁後第一任民選總統（1945-1951）。任職期間，曾實行提高最低工資額度、為農民提供教育和社會保障福利等一系列改革，開啟十年瓜地馬拉革命時期，又稱「十年春天」。

的殖民官、大量殺戮的組織者[22]。

我得知這個消息時，已遺失天真多年，卻仍感覺自己像是被欺騙的小男孩。

8.

1967年，我在瓜地馬拉認識阿道弗·米漢戈斯（Adolfo Mijangos）。我下山來到市區時，他未多問便在自家接待我。

他喜歡唱歌，喝幾口好酒，並擁抱生命：他不會跳舞，但會拍手活絡氣氛。

後來，阿雷瓦洛擔任特使期間，米漢戈斯是議員代表。

一天下午，米漢戈斯在議會裡舉發一起欺詐案。曾推翻兩屆巴西政府的漢娜礦業公司（the Hanna Mining Company）[23] 成功讓自己的員工成為瓜地馬拉經濟部部長。這名員工隨即簽訂合約讓漢娜礦業和該國政府聯合出口伊薩瓦爾湖（Lake

---

22 阿拉納將軍即1970至1974年任瓜地馬拉總統的卡洛斯·曼努埃爾·阿拉納·奧索裡奧（Carlos Manuel Arana Osorio）。他是美國大規模軍事援助的主要目標。其主導的骯髒戰爭造成兩萬瓜地馬拉人死亡或失蹤。

23 漢娜礦業公司，位於美國俄亥俄州克利夫蘭（Cleveland）的鐵礦企業，為20世紀70年代初世界第二大鐵礦生產商。

Izabal)[24] 湖岸所蘊藏的鎳、鈷、銅和鉻。根據此合約，政府從中獲得一筆小費，而漢娜礦業則收得數十億的利潤。而且，做為瓜地馬拉的合作伙伴，漢娜礦業不僅不用為所得繳稅，還可以半價支付港口使用費。

米漢戈斯高聲反對。

不久後，正當他要坐進自己的標緻轎車之際，一輪子彈掃射進他的背部。他自輪椅上倒下，身體裡滿是鉛彈。

9.

我躲藏在市郊一處倉庫等待瓜地馬拉軍警最想找的人。他是魯阿諾・平松（Ruano Pinzón），曾經也是一名軍警。

「看看這堵牆。跳過去，有辦法嗎？」

我引頸觀察。倉庫後方這堵牆感覺無盡的向上延伸。

「沒有辦法。」我說。

「但是如果他們來了，你跳嗎？」

別說跳了。他們要是來了，我都能飛。恐慌能把任何人變

---

24 伊薩瓦爾湖，為瓜地馬拉境內最大湖泊，環湖的山中有豐富的礦產資源。

成奧運金牌得主。

不過他們沒來。魯阿諾‧平松當晚抵達，我於是有機會和他長聊。他穿著黑色皮夾克，情緒緊繃眼神漂移。魯阿諾‧平松是名逃兵。

他是唯一目睹那場屠殺卻仍活著的人，二十幾名政界領袖在大選之夜慘遭殺害。

那是在馬塔莫羅斯（Matamoros）[25]的軍營。四名警察負責把那些巨大且沉重的麻袋搬上卡車，魯阿諾‧平松是其中之一。他開始有所警覺，是因為發現自己的袖子沾滿血跡。到了拉奧羅拉機場（Aeropuerto La Aurora），他們將麻袋運上一架空軍500的飛機上。隨後，在太平洋上空把它們扔了下去。

他親眼目睹這些人被送到軍營，然後棍打碎骨；他見到國防部長親自下達行動指令。

負責運送屍體的警察裡，魯阿諾‧平松是唯一生還者。其他三人中，一人在某日早上，被發現在拉波薩達飯店（Pensión La Posada）的一張床上，一支匕首刺進胸口。一個在薩卡帕（Zacapa）的酒吧裡，背後中槍斃命，另一人在中央車站後面

---

25 馬塔莫羅斯：墨西哥境內一座城市，位於該國東北部。

的酒吧慘遭槍殺。

為什麼鴿子在破曉時分哭泣？

因為有天晚上，一隻公鴿和一隻母鴿去舞會跳舞。在一場打鬥中公鴿被某個仇恨牠的人殺了。舞會美輪美奐，母鴿不想停止享樂，她說：「今晚我要唱歌，明天早上我會哭泣。」於是，太陽從地平線上升起時，她哭了起來。

這是馬萊娜・阿吉拉爾（Malena Aguilar）告訴我的故事，而這是她祖母說給她聽的。她的祖母有一雙灰色的眼睛、狼一般的鼻子，倚著炭火爐的溫暖，讓孩子們沉迷於陰魂不散的鬼魂及屠戮的故事。

悲劇是預言成真

1.

1973年中，胡安・多明哥・裴隆結束了十八年的流亡生涯，回到阿根廷。

那是拉丁美洲有史以來規模最大的政治集會。兩百多萬人帶著孩子、低音大鼓和吉他從全國各地聚集到埃塞薩機場附近的廣場和高速公路沿途。擁有長久耐心和鐵一般意志的人民重新取回考迪羅（Caudillo）[26]，並以盛大的歡迎儀式將這片土地歸還給他。

四處淨是歡慶氣氛。民眾的喜悅、極具感染力的美、擁抱我、抬舉我、賜我信仰。我彷彿還能看見廣泛陣線（Frente Amplio）[27] 在蒙得維的亞大街小巷傳遞的火把熊熊燃燒。如今，

---

26 考迪羅，西班牙語，字面意思為頭目、首領。籠統地說，可以是政治、軍事領袖的同義詞。然而在伊比利亞美洲（Iberoamérica）的文化語境中，特別在大眾心理層面上，指的是強而有力的、擁有神授能力（Charisma）的，或如馬克思所言，有超自然、超人或至少非常特殊力量的，亦即有不可抗拒的吸引力的，能夠喚起民眾情感的，通常是政治領袖。

27 廣泛陣線：成立於1971年的中間偏左至左翼烏拉圭政黨。

在布宜諾斯艾利斯市郊，年長的工人們聚集在一處廣大、無邊際的廣場，對他們而言，裴隆主義代表對尊嚴的鮮活記憶，而對那些不曾經歷過1946年及1955年[28]的年輕人而言，裴隆主義所構築的絕非懷舊，而是希望。

慶典以屠殺告終。僅一個下午，埃塞薩倒下的裴隆主義者人數比此前抵抗軍事獨裁的那些年加起來還要多。人們呆然若木的自問：「現在，我們應該恨誰？」這樣的圈套是裴隆主義者為了對抗裴隆主義者而設計的。裴隆主義內部彼此對立——工人和老闆；而在這般局勢下，真實歷史以持續對立的面貌展開。

工會官僚、政治領導和各種權力組織的代表在埃塞薩的廣場上顯得孤立無援。一如故事裡的國王，他們赤身裸體供大眾觀賞。職業殺手則占據了本應屬於民眾的地方。

商人被短暫地逐出聖殿[29]，又從後門溜了進來。

埃塞薩事件只是此後即將到來的一切的預演。埃克托爾·

28 1946年，裴隆第一次當選阿根廷總統，而1955年，裴隆則因軍事攻變而被推翻。
29 典出《聖經》耶穌基督潔淨聖殿的記述：耶穌見聖殿已淪為「作買賣的地方」，於是趕逐商販，表達他深信聖殿已失去其建立的目的。見《約翰福音》2:13-25。

坎波拉（Héctor Cámpora）[30]的統治僅持續了一朵百合花盛開的時間。從那時起，應許便已脫離現實直到最後消失不見。一場民眾運動的悲傷結局。幾年前，在馬德里，裴隆曾經對我說：「上帝的威嚴在於他絕少顯現。」工資增加，卻只證明工人是這場危機的罪人。很快的，一頭母牛比一雙鞋還便宜。中小企業相繼破產，未被擊垮的寡頭集團此時卻穿著破衣爛衫透過報紙、廣播和電視台洩憤。土地改革比紙上作業都還不如，漏洞百出，國家財富不只已從洞裡流走且持續流走中。在阿根廷握有權力的人如同其他拉丁美洲的掌權者，將自己的財產存到蘇黎世或紐約，確保安全無虞。由此，他們的錢財一如馬戲團特技表演，再回到國內時，神奇地變成無比昂貴的外債。

2.

真的能夠凌駕於、透過或者不顧階級鬥爭而實現國家統一

30　左翼裴隆主義者埃克托爾・坎波拉為裴隆的親信和個人代表。1973年流亡的裴隆被排除在該年的總統大選之外，埃克托爾・坎波拉身為裴隆指定參選人並獲勝。他於5月25日就職，6月20日迎回裴隆，7月13日辭職以啟動新的選舉。裴隆在這次的選舉中獲勝且第三任妻子伊莎貝爾・裴隆（María Estela Martínez Cartas de Perón）為副總統，同年10月12日第三次就任總統。

嗎？裴隆便是這種集體幻想的化身。

流亡初期的某個早上，這名考迪羅向在巴拉圭的亞松森（Asunción）接待他的東道主解釋微笑的政治重要性。

「你想看我笑嗎？」他問道。

隨後，他將自己的假牙放在掌心上。

在那十八年裡，無論是支持他或反對他，整個阿根廷政治圍繞著這個人而轉動。一連串的軍事政變不過是恐懼在向真相致敬：要是自由選舉，裴隆主義勢必獲勝。一切都懸於裴隆的祝福與詛咒、大拇指向上或向下、他從遠方時而用左手時而用右手書寫的信，提供為他賭上性命的人自相矛盾的命令。

1966年秋天，裴隆在馬德里對我說：

「你知道中國人怎麼捕殺麻雀嗎？就是不讓牠們在樹枝上休息。用枝條不停的騷擾牠們，不讓牠們停下來，直到死在空中；氣力用盡，墜落地上。叛徒就像飛翔的麻雀，只要不停糾纏他們就夠了，避免讓他們休息，最後他們就會一頭栽到地上。不，不對……若要操縱他人，必須像老鷹一樣飛翔，反而不能像麻雀。操縱他人是一項技術、一門藝術，需要軍事般的精準。你必須任由叛徒飛翔，但是永遠不給他們休息的機會。然後，靜候上帝顯神威。你必須任憑上帝採取行動……更何況，上帝歸我管。」

當時機到來，當他重掌政權，裴隆主義便裂成碎片。在考迪羅消逝前，裴隆主義已慢慢瓦解。

3.

何塞‧路易士‧內爾（José Luis Nell）是埃塞薩屠殺的受害者。一顆子彈粉碎了他的脊椎，他從此癱瘓。

一天，他決定了斷自身的失能及苦難。

他選好時間和地點：在火車站上，一處不會有火車通過的月台上的天橋。有人將坐在輪椅上的他推到那裡，並在他手裡放置一把上膛手槍。

何塞‧路易士曾是具鋼鐵意志的軍人。歷經槍林彈雨、牢獄之災，熬過多年的飢餓、執行祕密行動的日子。

而如今，他含住槍管，扣下扳機。

停留在眉宇之間的光芒

這是發生在那個下午的事，我在月台上等待前往巴賽隆納

的火車。

陽光照亮軌道枕木間的地面。霎時，地面呈現出鮮活的色彩，猶如熱血自藍色軌道底下升騰而起。

我並不快樂，但是，在這漫長的一瞬間，大地是快樂的，而且也是我感受到對大地的理解並召喚出對大地的回憶。

被追捕者與夜夫人紀事

凌晨，他們在一間奢華的酒吧相識。清早，他在她的床上醒來。她沖泡咖啡；他們用同一個杯子飲用。他發現她會咬指甲，雙手卻仍像少女一樣美好。他們沒有說話。穿衣服的同時，他努力尋找適當的理由解釋自己沒辦法付錢給她。她並未正眼看他，猶如旁白般說道：

「我連你的名字都不知道。但是如果你願意，就留下來吧。這房子並不差。」

他留下了。

她不追問。他也從不提問。

夜裡，她去工作。他幾乎足不出戶。

幾個月過去。

一天凌晨，她意外發現床空了。枕頭上有一封信，寫著：

「我想牽走妳的一隻手。我偷了妳一隻手套。原諒我。再見以及無限感謝。」

他帶著偽造的身分文件泅泳過河[31]。幾天後，他在布宜諾斯艾利斯遭到逮捕。出於一個愚蠢的偶然，他被逮住。他們已經追捕他超過一年。

上校辱罵他、毆打他。揪著他的衣領將他拎起來：

「你會告訴我們你之前待在哪裡。你會一五一十全說的。」

他回答說，他和一個女人住在蒙得維的亞。上校不相信。他拿出照片：她坐在床上，赤裸身體，手在頸後，長長的黑髮自胸前垂落。

「就是和這個女人。」他說，「在蒙得維的亞。」

上校一把抓過照片，猛地怒火中燒，一拳打在桌上，高聲怒罵，道：「那個婊子！混帳叛徒！她會付出代價的，她一定要付出代價！」

他這才意識到，女人的家是一個陷阱，為了勾引像他這樣

31　指烏拉圭河，即阿根廷及烏拉圭的界河。

的人而存在。他記起一天中午，親熱之後，她對他說：

「你知道嗎？我和別人從來沒有感受過這種……這種深達肌理的喜悅。」

而他也終於理解到她緊接著補充的那句話，眼裡籠罩著不尋常的陰影：

「總要讓我碰上一次的，不是嗎？」她當時說，「畢竟我擅長失去。」

（這類事件發生在1956或1957年，許多渡河的阿根廷人藏身在烏拉圭的蒙得維的亞，最後仍為獨裁政權所逮捕。）

從鑰匙孔窺看世界

在教室裡，埃爾莎（Elas）和阿萊（Ale）坐在一起。一到下課時間，她們便手牽手在校園裡散步。她們分享功課、祕密和惡作劇。

一天早上，埃爾莎說，她和死去的祖母說話。

從此，祖母經常捎來訊息給她們。每一次，只要埃爾莎把頭埋進水裡，就能聽見祖母的聲音。

過了一段時間，埃爾莎宣布道：

「祖母說，我們會飛。」

她們在校園裡、在街上嘗試飛翔。她們轉著圈或直線奔跑直到筋疲力竭癱軟在地。有好幾次，她們從欄杆上跳下時，不甚重重摔到地面。

埃爾莎把頭伸入水裡，祖母對她說：

「夏天的時候，妳就會飛了。」

暑假到了。女孩們和家人各自前往不同的海灘度假。

二月底，埃爾莎跟著父母回到布宜諾斯艾利斯。她請車子停在一幢她從未見過的房子前。

只見阿萊開門。

「你會飛了嗎？」埃爾莎問。

「不會。」阿萊說。

「我也不會。」埃爾莎說。

她們哭著抱在一起。

布宜諾斯艾利斯，1975 年 7 月：回到南方

　　卡洛斯（Carlos）走過好長的路。他曾是飯店廚師、海灘攝影師、特約記者、流浪漢；他發誓再也不回蒙得維的亞。

　　如今，他在布宜諾斯艾利斯，身無分文，隨身帶著的只有破爛過期的身分證。

　　我們都有很多話想和對方說。便約週末到海邊好好敘舊。

　　我還記得二十年前，以純真的敬畏神情聆聽他描述自己在烏拉圭東部稻田和北部甘蔗種植園從事各種雜役的故事。那是我第一次感覺到和這個男人之間的友情。那是在獨立廣場（Plaza Independencia）的圖皮南巴咖啡館（Tupí Nambá）。他帶著一把吉他。他是名歌手、詩人，出生於聖荷西（San José）[32]。

　　這幾年來，他搏得鬧事者的名號。打從巴拉圭回來後，他經常酩酊大醉。他在塔科布（Tacumbú）[33]礦場的一個集中營裡被關了一年：鐵鍊打在背上的傷痕始終未褪。他們用刀刮去他的眉毛和鬍子。每逢週日，軍人們騎在咖著馬勒以及所有配備

32　聖荷西：烏拉圭西南部同名省首府。全名聖荷西・德馬約（San José de Mayo）。
33　塔科布：巴拉圭首都亞松森（Asunción）西南城郊的一區。

的囚犯背上賽跑，而神父則在翁布樹（Ombú tree）[34] 下啜飲瑪黛茶、捧腹大笑。

好鬥且沉默，卡洛斯待自己極其嚴厲，且不時在蒙得維的亞的咖啡館和酒吧裡搜尋敵人。然而，他也是我的孩子們的歡樂泉源：只有他能說得出這麼好聽的故事和無理頭的笑話，世上沒有哪個小丑能和他一樣，讓他們笑得在地上打滾。卡洛斯到家裡來時，總是穿上圍裙特製葡國雞或為了討我們歡心而自創各種料理，因為他向來不是好吃的人。

此刻，我們正從海邊返回布宜諾斯艾利斯，我們在巴士上毫無睡意，不停的聊天，他談起蒙得維的亞。整個週末我們誰也沒提過那座屬於我們的城市。那是我們再也到不了的地方；最好還是緘口不言。

令人難過的是，他聊起帕查（Pacha）。

「有天夜裡，我太晚回家，便一聲不響、連燈也沒開的躺下了。帕查不在床上。我去廁所和她兒子的房間找她。她都不在。我發現飯廳的門緊閉。於是我開門並注意到，門的另一邊的地上有一床毯子。第二天早上，我一如往常在廚房裡等她

34　翁布樹：南美洲南部彭巴草原（Pampa）常見的常青灌木，高大如樹。烏拉圭、阿根廷及高卓文化的象徵。

喝瑪黛茶。帕查什麼都沒說。我也沒有。我們一如往常的閒聊──天氣的好或壞、嚴峻的政局逐漸形成，以及把瑪黛茶給我，我先把茶葉倒掉以免被水沖掉了。晚上，當我回到家，發現床是空的。飯廳的門依舊緊閉。我豎起耳朵緊貼門板，感覺聽得到她的呼吸聲。隔天一大早，我們坐在廚房裡喝瑪黛茶。她什麼也沒說，而我也沒問。八點半，她的學生陸續到了，一如往常。就這樣過了一個星期：她不在床上，飯廳的門緊閉。直到某天一大早，當她遞給我最後一杯瑪黛茶時，我對她說：『聽著，帕查，我知道在地板上睡很不舒服。今天晚上回床上睡吧，我不會再來了。』而我再沒回去過。」

幽靈時刻：我呼召他們、追趕他們、獵捕他們

我用泥土和鮮血在山洞頂部繪畫。我用第一個人類的眼睛看進我自己。當祭典持續，我感覺我的記憶承載世界完整的歷史，從第一個傢伙摩擦兩塊石頭、藉著第一簇微小的火苗取暖開始。

系統

　　我當時十四或十五歲。在一家銀行當送件員。花一整個下午抱著如山高的卷宗上下樓梯。我站在角落，像個小兵，聽命於鈴聲、亮燈或任何人的吩咐。

　　銀行董事會每週五在頂樓開會。會議期間，董事們會喝幾杯咖啡。我便進廚房沖泡。若身旁沒有其他人，我就會任其過度煮沸，害他們拉肚子。

　　某個週五，我像往常一樣端著托盤走進去，發現整個會議室空空蕩蕩。桃花心木桌上，端端正正地擺放著印有每位董事名字的資料夾，空蕩的椅子圍繞著桌子。只有阿爾科塔（Alcorta）先生坐在自己的椅子上。我呈上咖啡，但他完全沒有回應。他戴上眼鏡正讀著一張紙。他反覆讀了好幾遍。我靜靜站在他後面，盯著他後頸上粉色的贅肉，同時細數他手上的雀斑。信的內容是他的辭呈。他簽名後，取下眼鏡，繼續坐著，手放在口袋裡，眼神茫然。我咳了一聲。又咳了一聲；我還是沒有存在感。放滿咖啡杯的托盤讓我的手臂開始抽筋。

　　等我再回來蒐集資料夾送去祕書處時，阿爾科塔先生已經離開了。我鎖上門，像往常一樣一份份打開資料夾。每個資料夾裡都是一封辭呈，和阿爾科塔先生反覆閱看並簽名的那封一

樣。所有信件都已簽名。

接著到了週二，董事會召開臨時會議。阿爾科塔先生並未接到會議通知。董事無異議通過決議：首先，撤回上週五的辭呈；其次，接受阿爾科塔先生辭職，感謝他過去的辛勞，並為他將把所有無可估量的才能全心奉獻給新職位深感遺憾。

正當我在會議紀錄上閱讀以上決議時，他們正好要我將這份資料送到總經理室。

系統

……編在電腦裡的系統警告銀行家提醒和將軍吃飯的大使去傳喚總統讓他敦促部長去逼迫董事羞辱經理導致經理高聲叱責主管主管恣意責罵員工員工蔑視工人工人虐待妻子妻子毆打孩子孩子踢一隻狗。

系統

我們沿著巴賽隆納的林蔭大道散步，夏日涼爽的綠色隧道，並在一處賣小鳥的攤位前停下。

有些籠子裡只有一隻鳥，有些則有許多隻。阿杜姆（Adoum）解釋道，那些只有一隻鳥的籠子裡會裝上鏡子，以致小鳥全然不知籠裡只有自己。

隨後，享用早餐時，瓜亞薩明（Guayasamín）聊起紐約。他說，那裡的男人會獨自在吧台邊喝酒。一整排酒瓶後是一面鏡子，有時候，夜很深了，那些人會將酒杯扔過去，鏡子裂成碎片。

夢境

當我們沉睡，彼此交纏的身體變換姿勢，從這裡移到那裡，你的頭枕在我胸口，我的大腿則靠在你的肚腹上，當我們翻來覆去，床亦隨之轉動，整個房間以及世界，亦隨之轉動。「不，不是的，」你解釋著，猜想你已醒來，「我們已經不在那

裡了。當我們酣睡，我們便進入另一個國度。」

卡塔里諾（Vovô Catarino）[35] 的布羅(Burro)以及聖・喬治（San Jorge）騎乘白馬奔馳而來，並將他自惡魔手中拯救出來之紀事

1.

　　街頭汽車上的塑膠貼紙刷著國旗顏色並寫道：「巴西，沒人能擊敗你。」佩萊（Pelé）已是銀行主管。城郊的乞丐包圍旅遊巴士。道奇汽車在廣告裡許諾：「您也能夠晉升為領導階級的一分子。」吉列刮鬍刀說：「巴西，我信任你。」遭處決隊斷肢殺害的屍體在佛羅明斯低地（Baixada Fluminense）[36] 被發現。為了讓人無法辨識而被槍擊毀容，手指亦慘遭破壞。杜

35　卡塔里諾的原文為Vovô Catarino，而vovô在葡萄牙文中，意指爺爺、長輩。
36　佛羅明斯低地：巴西東南部里約熱內盧州內的一個地區，位於里約熱內盧城以北。

邦（DuPont）[37]、陶氏化學（Dow Chemical）[38]、殼牌和標準石油透
過廣播和電視螢幕高聲宣揚：「我們相信巴西。」貧民窟裡的
孩子睡在地板上或紙箱裡：並在此處一起看分期付款的電視。
上層階級玩弄統計數據；中產階級玩股票；下層階級賭運動彩
票。誰會在週一早上一覺醒來變成百萬富翁？失業的水泥工、
洗衣婦、擦鞋童工。總有人被選中：在這片土地上，不幸的
八千萬人之間，總有一個人會在週一早上，被上帝的手指選中。

2.

我住在阿圖爾・波爾內爾（Artur Poerner）的家。

電視台攝影棚和他的住處只隔幾個街區。每週日下午，參
賽者擠滿街區：誰能在一小時內吃掉最多香蕉？誰是鼻子最長
的巴西人？有一次，甚至聚集了一大群侏儒，嫌惡的盯著彼
此，因為一筆獎金正等著巴西個頭最小的侏儒。

還有一次則是競爭不幸之冠。奇蹟閱兵開始：八歲入行的
妓女、被子女遺棄的癱瘓老人、因飢餓、痛毆而導致失明的人、

痲瘋、梅毒、誤判入獄終身的囚犯、被老鼠咬掉一隻耳朵的男孩、多年來被捆在床柱上的女人。主辦單位許諾，慘中之慘將獲得無法想像的大獎。有些人帶了自己的啦啦隊來到電視台。這些崇拜者太過興奮，猶如足球場上的球迷，在正廳裡不住高喊：「贏了！贏了！」

每到晚上，我們會在阿圖爾的住處聽到鼓聲。咚！咚！熱情如雷的旋律，那是從駝背山（Corcovado）[39]傳來的。山頂上，基督正張開雙臂佑護這座城市。深山老林裡正上演荒蠻的彌撒。復仇者的冤魂藉著月光和營火，將先知應許過的天堂帶進塵世。

3.

外面，是流亡：四片錫片和兩根木條搭成的小屋支撐在山間，報紙鋪就成毛毯，肚腹腫脹的孩子，雙腿細如大頭針，眼神驚慌。

裡面，是王國：火焰在泥地上燃燒，鼓聲陣陣；男人女人搖擺起舞，醒著作夢，拍打著愛情或死亡之門。

39　駝背山：位於里約熱內盧市區，高約710公尺，最著名的耶穌基督像便聳立在此處。

阿圖爾和我一起走進去，同時發現衣衫襤褸的惡魔。

「我為什麼要救贖？」

斗篷上的犄角掛垂落至眼部。他在一大堆燃燒的玻璃上跳來跳去，玻璃瓶和垃圾堆積而成的寶座，以一支生鏽的乾草叉敲擊地面：

「我不要救贖！」他從火堆裡嘶聲咆哮道，「只有地獄不噁心。地獄是我的家。在那裡，沒人能命令我。」

女祭司們一身紅衣唱起歌：

太陽升起，

即將升起，巴伊亞[40]。

太陽即將下山，

巴伊亞，即將下山。

在埃克蘇（Exú）[41]的母親、我們的無染原罪始胎聖母禮拜

40　巴伊亞（Bahíano）：巴西二十六州之一，位於該國東北方，臨大西洋。

41　埃克蘇：盛行於巴西、阿根廷、巴拉圭和烏拉圭等國的馬庫姆巴教（Macumba）信奉的神靈。馬庫姆巴教糅合了非洲宗教與天主教、唯靈論、美洲土著信仰，在巴西尤其盛行，而其禮拜堂稱為 terreiro。

堂裡，有兩座祭壇：

　　奉獻天上諸神的祭壇上，黑面聖‧喬治騎馬向前；而奉獻撒旦惡魔的祭壇上，微弱的燭光劃過頭骨和三叉戟。

　　海浪拍打……

　　魔鬼祭典是巴西貧民窟的慶典。

　　沒有巫術，你過不去，你過不去。

　　卡塔里諾將一隻黑紅羽毛的活公雞從一個愛情失意的男人腿上擦過。

　　「想著她。」

　　他用祭壇的石塊磨利新刀。慢慢揪住公雞頸部的羽毛。他高高舉起新刀：

　　「想著那個女孩。」

　　剛破開的喉管劇烈收縮。失意者張嘴飲血。

　　「今晚，」卡塔里諾說，「她床單上會有一塊血跡。不是傷口也不是經血。」

4.

　　一名老婦從下午就開始排隊。

　「誰派你來的？」

　「一名戰爭英雄。」

　「我問妳，他叫什麼。」

　「查理斯・曼（Charles Mann）。」

　「這名字不是這裡的。」

　「他來自一個叫美利堅合眾國的地方。」

　「那他為什麼會來到巴西？」

　「他的船沉了，就來了。」

　「這算什麼英雄，因為會逃？」

　「他有很多獎章。」

　「狗屎英雄。」

　「別這麼說，卡塔里諾。我的長官是名海軍上將。」

　「浴缸上將吧。」

　「但是，卡塔里諾啊，他在戰爭中失去一隻眼睛。他有一隻眼睛是玻璃珠。」

　　卡塔里諾卻說：「一個黑人要是弄壞了眼睛，就是沒了眼睛。有錢的白人會去買一隻玻璃眼珠。知道會怎麼樣嗎？他在

睡覺時把這隻玻璃眼珠放在水杯裡。一天早上，他喝水的同時，也吞下玻璃眼珠。於是這隻玻璃眼珠塞住他的屁眼，他便是從屁眼往外看。」

鼓聲笑聲轟響。托梅（Tomé）也很享受：祭典進行得很順利。托梅是一隻胖山羊，穿得和埃克蘇（Exú）一樣，牠抽雪茄，還用羊角擊鼓。牠本來是被帶來獻祭的，但卡塔里諾喜歡牠，現在由牠負責主持祭典：只要牠用羊角猛擊牆或人群，卡塔里諾就知道出狀況了，隨即便會離去。

5.

卡塔里諾在泥地上用紅粉筆和黑粉筆畫上埃克蘇的符號。他撒了粉末，引發一陣白煙塵。

「病從腳入從腳出，」卡塔里諾的祭司尤妮絲（Eunice）對我說，「儘管有時也從口入，比如鄰居送來一塊有毒蛋糕。」

病人面無血色，肚子腫脹，腳如象，高燒不退。他的兄弟們靠自己將他抬上山來。還帶來一瓶烈酒。

卡塔里諾暴跳如雷：

「我說帶一瓶來，意味著：帶七瓶。你們是想買個便宜的神嗎？」

他檢查病人並診斷，道：

「準備收屍吧。這咒語下得太重。」

6.

卡塔里諾與上帝不共戴天，叫他劊子手、食人獸，但是打從心底他知道上帝是自己的同行。

「為什麼這麼悲傷？」

黑女人抬起滿是淚水的臉龐。她挺著大肚子。

「那裡面不是一個孩子，」卡塔里諾下判決說，「妳會有二十個。二十來個。」

但是她沒有笑。

「我的孩子，妳為什麼這麼悲傷？」

「為我的孩子，卡塔里諾。」

「為妳肚子裡那二十個？」

「我知道我的孩子生出來也是死的。」

「怎麼知道的？」

「我就是知道。」

「誰跟妳說這些鬼話？」

「沒有人跟我說。但我就是知道。我的鄰居簽下契約。她

恨我。她想搶走我的丈夫。她簽下契約，以致我的孩子一出生就死了。」

「她跟誰簽下契約？」

「和上帝。」

「和誰？」

卡塔里諾捧腹大笑。

「是和上帝啊，卡塔里諾。」

「不，我的孩子。」卡塔里諾說，「惡魔曾說，上帝還沒笨到會做這種事情的地步。」

7.

天亮以前，卡塔里諾回到地獄深處。

夜裡他回到地面；從腳上鑽進他的布羅體內，成為貧民窟裡的醫生、小丑、先知和復仇者。接收他的身體的男人卡塔里諾的布羅，白天在加里昂機場（Galeáo Airport）清洗飛機。

阿圖爾和我走上駝背山的斜坡。傍晚時分，我們和布羅交談，這名溫柔謙遜的男人請我們喝咖啡。夜半時刻，我們用卡塔里諾的杯子喝蘭姆酒或紅酒。我們參與卡塔里諾的附體及獻祭，聽他嘲笑制度和良好行為。

他們的聲音不一樣，稱呼我們的方式也不同。布羅稱阿圖爾為卡里奧卡（Carioca），稱我烏拉圭人；而對卡塔里諾而言，我們分別是庫里博卡（Curiboca）和弗拉喬（Furagaio）。卡塔里諾由於上千歲的年齡，說起話來聲音粗啞不清，而布羅完全不記得卡塔里諾通過他的身體時說了什麼、做了什麼。

我離開的前一晚，儘管我沒有要求，卡塔里諾仍送我護身符。他將這錫製鍊子戴在我身上，如同為騎士佩戴盔甲：我單膝跪地，抬起頭。大鼓連擊，歌聲四起。

錫鍊圍繞在我的胸膛。整整一年，我都沒有遭遇任何槍擊或不幸。

8.

尤妮絲的女兒羅克桑娜（Roxana）剛出生幾天便因高燒而虛弱無力。小女嬰光是號啕大哭，拒絕進食。尤妮絲用衣服裹好她，裝在嬰兒籃裡帶到卡塔里諾的禮拜堂。

「她要死了。」

「不會的。」

他們一起到森林裡。卡塔里諾用匕首在嬰兒前額劃上兩道切口，讓她受洗成為自己的孫女。隨後往瀑布裡扔進十二朵白

玫瑰，瀑布藉此將瘟疫帶進海裡。

　　從此以後，尤妮絲便加入禮拜堂。

9.

　　她告訴我布羅和卡塔里諾的故事。

　　布羅當年是個流浪漢，和其他遊民一起住在里約一座橋下。有天夜裡，他們實在太餓，只好抓老鼠再烤來吃。布羅感覺身體有異狀，隨即暈倒。醒來時已經變成卡塔里諾，他說：

　　「現在我要幫助所有人。我已有千歲。為來到人間，我選擇了最苦難的軀殼。」

　　然後，他唱起歌。

　　「卡塔里諾對布羅並不好，」尤妮絲告訴我，「尤其是大齋期（Lent）[42]期間。卡塔里諾特別喜歡在大齋節作惡。」

　　他會工作好幾個小時，以致布羅沒有時間睡覺。更過分的是，尤妮絲說，他會逼迫布羅在祭典上喝尿。

　　在一個晴朗的好日子，布羅反抗了。

42　大齋期：從復活節前的四十天開始，主要為了感念基督受難。期間，信徒必須禁食、禱告，誠實親近上帝。

「我不是一條狗，不應該過這樣的日子。我切傷自己，燒自己的屁股，喝尿以換取飢餓和香蕉。我再也不為任何人做任何事了。他們要死就死，和我沒有關係！」

他一說完這番話便感到頭暈目眩。一道聲音在耳際低語：「問題是，您什麼都還沒吃呢，先生。連早餐也還沒吃。我們去咖啡館吃點東西。走吧。」

正當布羅要穿越馬路時，猛地向後一倒。他撐起手臂，想爬起來，卻又摔了下去。他想用一隻手撐住自己，砰，又摔下去。劇烈的衝撞導致他鼻梁斷裂、頭破血流。他渾身是血，怒氣沖沖的回到山裡。

「但願他今天不要再回到人間。那個可憐蟲卡塔里諾，我不會再討好他的。」

才一說完，他就像被電擊一樣倒地。他臉朝下的倒地不起。渾身疼痛根本無法動彈。他禁不住哭了起來。

此時，戰神聖‧喬治出現了，從腋下架他起來。聖‧喬治在週二出現是很罕見的事，因為他通常在週五晚上到來。

布羅對他訴說一切，並請求幫助。惡魔只聽聖‧喬治的話。

當晚卡塔里諾喝了紅酒和蘭姆酒。再也沒有要求喝尿。

尤妮絲說：「有時候，布羅是活該，因為他不服從。」

有一天，布羅在布置祭壇，並準備好去機場工作，這時候，

他發現一杯紅酒。卡塔里諾特地留下來誘惑他的——唯有在祭典期間，身為卡塔里諾時，布羅才能飲酒。他啜飲一小口，立刻被賞了一記大耳光，掉了兩顆牙。

他下山去坐公車，遇見一輛送葬的靈車。靈車停下。布羅聽見有人正在呼喊他。他還沒靠近就被揪著脖子封上嘴猛地塞進車裡。他在死神轄區待了三天三夜。聖·喬治將他救了出來。他將布羅拋上疾馳中的白馬並送他回家。

10.

外國特派記者卡洛斯·威德曼（Carlos Widmann）為了撰寫一篇文章，請我帶他去卡塔里諾的禮拜堂。我當時正要出發前往里約，因此沒有時間，但是我留下自己的聯絡方式。

後來，我在蒙得維的亞收到威德曼捎來的信。

他告訴我，他在卡塔里諾的禮拜堂度過週五的耶穌受難日。這個要求齋戒的日子裡，他們烤了好幾頭黑山羊吃。祭典持續到第二天清晨。山羊托梅抽著雪茄參與自己兄弟的獻祭。黑山羊被慢慢的割斷頭，好讓牠們體會上帝為我們人類所保留的全部痛苦，從而減輕我們的痛苦。在座賓客手捧熱血一飲而盡。

他們享用完黑山羊之際，卡塔里諾正以熱酒灌醉一隻巨大的癩蛤蟆。每個信徒都把自己敵人的名字或照片塞進癩蛤蟆嘴裡。癩蛤蟆慢慢從卡塔里諾手中滑落。然後，他用全新的針將牠的嘴巴縫合。紅線或黑線，十字針。在門口鬆開癩蛤蟆，牠發瘋般跳著離去。

我知道這意味著緩慢死亡。癩蛤蟆會餓死。若希望敵人迅速死亡，就把癩蛤蟆埋進無花果樹下的小祭壇裡，無花果樹是耶穌曾詛咒過的，癩蛤蟆因此窒息而死。

「卡塔里諾要求我放一個名字進去。」卡洛斯寫道，「我一個也想不出來。但我當時剛離開玻利維亞，對屠殺礦工的場面仍印象深刻。所以，我就把雷涅·巴利安多斯將軍（René Barrientos）[43]的名字寫在小紙片上，折好後塞進癩蛤蟆嘴裡。」

等我讀到威德曼信時，那個玻利維亞獨裁者已經在阿爾克（Cañadón del Arque）[44]被活活燒死，而他當時乘坐的那架熊熊

---

43 雷涅·巴利安多斯將軍：1964-69年間任玻利維亞總統。他對切·格瓦拉在該國領導的游擊隊及在西南地區礦工中的威望十分忌憚。1967年，在與游擊隊作戰的同時，他派軍鎮壓波托西省（Potosí）拉拉瓜（Llallaguea）支援游擊隊的礦工，製造三十人死亡的慘案。又稱「聖胡安大屠殺」（Masacre de San Juan）。

44 阿爾克：玻利維亞中部科恰班巴省（Cochabamba）的一個地區。

燃燒的直升機，則是海灣石油公司（Gulf Oil Company）[45]送給他的禮物。

神學入門

那些日子我認識了瑪麗亞・帕迪利亞（María Padilha）[46]。

她出生在里約下流社會；沒過幾年便入侵城北貧民窟。

她是一個女人的身量。

她穿著長統絲襪、超短裙，裙襬處露出吊襪帶和赤裸的大腿，緊身上衣，半敞著領口，胸部幾乎從裡面擠了出來。她戴滿信徒奉獻的手鐲和項鍊，而細長紅指甲的指間，翹著一根濾嘴淡菸。

瑪麗亞・帕迪利亞的蠟像守護在販售儀式禮品的商店門

---

45 海灣石油公司：美國石油公司。20世紀初至80年代世界主要跨國石油公司。雷涅・巴利安多斯掌權期間，熱中吸引外國投資，並給予優惠和特權。他曾頒給該公司在玻利維亞開採石油和天然氣的許可。

46 瑪麗亞・帕迪利亞：馬庫姆巴教女性神靈龐巴・吉拉（Pomba Gira）最重要的化身，被認為擅長愛情咒語，極具誘惑力。

口。而她真正活著的地方，其實是禮拜堂裡那些女祭司的身體裡。瑪麗亞·帕迪利亞進入這些女人的體內，藉由她們高聲大笑、飲酒、抽菸、聆聽諮詢、提供建議、糾正錯誤，甚至有能力誘惑惡魔去幫助某個需要幫助的人。

瑪麗亞·帕迪利亞、被詛咒的女神、被聖化的妓女，化身為真實生活中的職業妓女。就某種程度上而言，她們魅惑自己，也魅惑他人。每一次的祭典都是關乎莊嚴的宗教儀式。「他們以為我是婊子？我可是女神。」

所有這些都不在了

里約許多貧民窟都被拆掉了。它們被鏟至遠離遊客目光的地方。

各式神明也隨之而去。敲擊出詛咒或尋求協助的鼓聲再也不會打擾市民的清夢。

警察關閉卡塔里諾的禮拜堂。將他逐出城外。

神學入門

1.

七年前，我穿過拉拉瓜（Llallaguea）[47]冷冽的廣場，步伐緩慢，雙手縮進黑色高領皮夾克裡。

「神父！親愛的神父！」

一個男人突然自黑暗中衝到我面前。他緊緊攬住我的手臂。藉著僅有的路燈微弱的光線，任誰都能讀出那張瘦骨嶙峋的臉上盡是絕望。他頭戴礦場工地帽及身穿礦工外套；聲音相當嘶啞：

「神父，你必須跟我來，我求求你。」

我解釋道，我不是神職人員。我解釋了好幾次。完全無濟於事。

「您得來，親愛的神父，您得跟我來。」

我多麼希望自己能化身為神父，哪怕幾分鐘也好。這個礦工的兒子正在死去。

47　拉拉瓜：玻利維亞西南部波托西省城鎮，該國最大錫礦所在地。

「神父，他是我最小的兒子。您得來，為他塗抹聖油[48]。就是現在，神父，我們走吧。」

他的手指掐入我的手臂裡。

2.

玻利維亞的礦井很少有孩子。根本也沒有老人。

礦井裡的男人注定要死於三十五歲之前，矽石粉塵將他們的肺泡磨成紙板。

平常的神管不到他們。

早先，路西法親自開啟礦業狂歡。他騎乘白馬從奧魯羅（Oruro）[49]大街進來。今天，魔鬼節則吸引了世界各地的遊客[50]。

48　塗聖油即天主教所謂病傅聖事，過去也稱終傅聖事。教義認為疾病起於原罪，因主耶穌名給病人傅油，可減其病苦，賜其安慰和能力，免其罪過。見《雅各書》5:14-15。

49　奧魯羅：玻利維亞重要城市，該國西部同名省首府。富產錫、鎢、銅，自19世紀晚期起為錫礦業中心。

50　奧魯羅魔鬼節於2月2日基督教聖燭節（Virgen de la Candelaria）舉行，以戴魔鬼面具的印第安傳統舞蹈聞名。當地原係印第安人聖地之一，紀念安第斯諸神的本土節日，於17世紀遭西班牙殖民者禁止後做此變體，以基督教面貌繼續流傳。該節日紀念的聖母主要為礦洞聖母（Virgen del Socavón）。

但是，在二月，魔鬼並非孤獨的統治著礦井。礦工們稱他為大叔（Tío），且在每一處的礦井裡，都將他供奉在唯一的寶座上。大叔是礦井真正的主人：他決定賜予或拒絕給予錫礦脈，他想讓誰迷路那個人就會在迷宮裡誤入歧途，他洩露隱藏的礦脈給自己偏愛的孩子。他能阻擋塌方，也能引起塌方。在礦脈中說出耶穌基督的名字是致命的，聖母倒是沒什麼風險。有時候，大叔會和承包商或承租人達成協議：賣給他們財富以換取他們的靈魂。正是他衝著農民眨眼，於是，他們放棄農作，永遠深埋洞穴。

礦工會圍著偉岸的大叔陶像喝酒聊天。這便是恰拉會（Ch' alla）。他們會在陶像上放置蠟燭，倒過來燒，還敬奉雪茄、啤酒和玉米酒。大叔抽完雪茄，喝乾杯中物。礦工在他腳下灑幾滴烈酒，算是祭獻一點酒給土地女神。

礦工懇求魔鬼讓礦井繁榮。

「大叔，幫幫我們。別讓我們死。」

這種恰拉會如同一所政治大學。獨裁者禁止恰拉會存在。但在礦洞許多隱密裂隙處，男人聚集在大叔周圍，談論自己的問題以及改變的方法。他們感覺自己是被保護的，為彼此帶來鼓舞和勇氣。他們沒有跪倒在魔鬼面前。離開時，他們把彩色蛇紋飾帶繞在他脖子上。

3.

女人不能下礦井。古老神話說，這會帶來厄運。

這則古老神話，讓她們得以逃脫礦井為男工們準備的早亡。

街道之戰，靈魂之戰

我的每個一半都不能失去另一半而獨活。能只愛戶外而不恨牢寵嗎？只活不死，只生不殺？

我的胸膛，如鬥牛場，自由與恐懼在其中廝鬥。

系統

機器教導，誰反對，誰就是國家的敵人。誰檢舉不公不義，誰就犯下叛國罪。

機器說，我就是國家。這個集中營就是國家：這處掩埋處，

這片空無一人的無垠荒地。

　　誰認為國家是屬於所有人的家園，誰就不再是任何人的孩子。

他們將他活埋進一間地牢

　　溫柔一定是根神經，斷了就無法再次縫上。我所認識的人當中，僅少數幾個在歷經痛苦和暴力的考驗之後仍能倖存——罕見的壯舉——他們依然保持溫柔。

　　勞爾・森迪克（Raúl Sendic）[51] 便是其中之一。

　　如今，我不禁自問，他還剩下些什麼？

　　我記得，他粗糙、滿是塵土的臉上綻開嬰兒般的微笑，低聲問我：「你有刮鬍刀片嗎？」

　　勞爾當時剛從舊城一間土耳其人經營的二手服飾店買了一套西裝，覺得自己鑽進這只咖啡色細紋嗶嘰料布袋裡顯得無比

51　應指勞爾・森迪克・安東納喬（Raúl Sendic Antonaccio），烏拉圭勞工組織者，左翼城市游擊隊圖帕馬羅（Tupamaros）創始人。

優雅。可惜這套西裝褲沒有裝硬幣的小口袋，而這是他最需要的。於是，他用刮鬍刀片和大頭針自製。

那時候我十四歲，在社會主義週刊《太陽》（El Sol）擔任插畫。他們在政黨總部給我一張桌子，上面放著刀片、墨水、蛋彩顏料和畫筆。每週我都必須交出一張政治漫畫。勞爾總能想出最好笑的笑話，每當他湊近將這些笑話送給我時，眼神盡是發亮。

有些晚上，在社會主義青年集會後，我們會一起回家。

我們的住處相隔不遠。他在杜伊利奧街（Duilio Street）下車，我則再坐幾個街區。勞爾睡在陽台。他受不了上方有天花板。

多年以後，我經常反問自己，勞爾被關進地牢的那段漫長日子裡，他怎麼能不發瘋？從一個牢房到另一個牢房，他們一直將他關在地底深處，地牢上方覆著遮蓋物，水和麵包則利用繩索往下送，迫使他完全看不到太陽或是和任何人說話。

我無法想像那樣的黑暗。我眼中的勞爾總是在戶外，在原野中央，坐在一塊牛頭蓋骨上——後來則變成他的法律事務所裡唯一的椅子。甘蔗田裡的工人都稱他「正義主持人」（El Justiciero），他們從他嘴裡才第一次理解到諸如權利、工會、農業改革之類的詞語。

閉上眼睛，我又看見勞爾坐在烏拉圭河之畔的營火前。他

挑起一塊燃燒中的木炭靠近我的嘴，因為笨手笨腳的我又讓玉米葉卷菸熄了。

布宜諾斯艾利斯，1975年7月：那群橫渡河流的人

今天我得知，每個月雜誌出刊的那一天，都有一群人為了翻閱而橫渡烏拉圭河。

他們有二十幾人。領隊的是名六十出頭的教授，曾經被長期監禁。

一早，他們自派桑杜（Paysandú）[52]出發，過河來到阿根廷的領土。所有人一起出錢買一份《危機》，隨後前往咖啡館。其中一人一頁一頁地高聲朗讀給所有人聽。他們邊聽邊討論內容。朗讀持續一整天。結束之後，他們就把雜誌送給咖啡館老闆，然後回到我的國家——在烏拉圭，這本雜誌已遭禁。

「哪怕只是為了這件事，」我心想，「也值得。」

52　派桑杜：烏拉圭西北部同名省首府，位於烏拉圭河東岸。

今天下午我撕碎我的「博基」(Porky)記事本，把碎片扔進垃圾桶

它陪我去過所有地方。跟隨我餐風露宿，承受虐待及摔落。螺旋金屬圈早已脫落，紙頁業已散落。紅褐色的封面只剩下幾條細長紙片殘存。這本「博基」當年是優雅的法國進口聯絡簿，如今則淪為一條橡皮筋捆綁住的一堆內頁及紙片，早已磨損、破爛、布滿墨水及汙漬。

下定決心太難。我愛這個鬆鬆垮垮的胖子。每當我翻找一處地址或者一組電話號碼，它便會在我手中爆開。

沒有任何電腦比得上它。「博基」安全地逃過間諜和警察。我總能毫不費力地從中找到我想要的：我知道如何從汙漬之間、碎片之間一一解碼。

從A到Z，「博基」涵蓋我十年的生命。

我從來沒想過重新謄寫。我說是因為懶；其實，是因為恐懼。

今天我殺死它。

其中有些名字讓我真切感到疼痛。大部分的名字我也已不記得了。筆記本裡滿是已死之人；也有一些仍在世，但對我已經沒有任何意義。

而我確信，這些年裡數次死去又復生的人，是我自己。

我的第一次死亡

1.

每天夜裡我都坐在床上，慢慢填滿菸灰缸。

天真的西爾維婭・布蘭多（Silvia Brando）[53]睡著了。直到黎明時分我忍不住恨起她。我搖晃她的肩膀叫醒她，我想對她說：「這些就是讓我睡不著的問題。」我想對她說：「我覺得孤獨；我，不過是追蹤者，是衝著月亮狂吠的狗。」但是我不知道除了話語，從我嘴裡吐出來的到底是什麼。我想我含糊的說了許多廢話，比如「純粹、聖潔、罪孽、渴望魔力」。我最終相信，自己生在不對的世紀或星球。

我已經遺失上帝幾年了。我的鏡子已碎。上帝長著我的面孔，說著我期待的話語。當我年輕時，他讓我免於疑惑和死亡。而今我已經遺失上帝，也無法在其他神祇中認出我自己。

投身政治激進行動同樣不能讓我解脫，儘管我不只一次全身從上到下沾滿張貼宣傳標語的膠水，感受到一種值得付出的

---

53 西爾維婭・布蘭多：愛德華多・加萊亞諾第一任妻子。

愉悅疲倦或戰鬥情懷。周圍是一個平靜、被馴化的世界，每個人扮演自己的角色（有些則是完整的劇團），如巴夫洛夫的狗（Pavlov's dog）[54] 準時流下唾液。

曾有幾次我嘗試寫作。直覺告訴我，這或許是擺脫我體內生長的惡獸的方法。我寫下一個單字，有時是一個句子，立刻就劃掉。幾個星期、幾個月過去，紙頁遍體鱗傷，依舊靜靜地躺在桌上，而我什麼也沒說出來。

2.

我想哭。的確哭了。我剛滿十九歲，寧願認為眼淚是因我燃燒東西的煙所引起。我起了個大火焚燒紙本文件、照片和畫作，好讓自己一無所有。屋裡濃煙瀰漫，我坐在地上，哭泣。之後，我出門到幾家藥房買足可殺死一匹馬的安眠藥。

我選好飯店。沿著布朗庫河街（Calle Río Branco）往下走時，我覺得自己幾小時前甚至幾年前就已經死了；我完全沒有

---

54 巴夫洛夫的狗：俄羅斯心理學家巴夫洛夫的古典制約反射研究，對大眾文化有廣泛影響力。後來，人們將巴夫洛夫的狗用來形容人的反應不經大腦思考，成為多部反烏托邦小說的主題。

好奇心或欲望，我只是行屍走肉罷了。然而，在我行經聖荷西街時，一輛汽車衝向我，我仍活著的軀殼猛地往人行道上一跳。

在我第一階段的生命裡，唯一的記憶就是，在我沉入一個永無止境的平靜夜晚時，自緊閉的房門中流洩而入的一道光線。

3.

昏迷數天後，我在馬西埃爾醫院（Maciel hospital）的加護病房裡醒來。我覺得那處地方很像加爾各答市集。我看見赤裸著上半身的人，纏著頭巾販賣小飾品。他們瘦骨嶙峋猶如骨頭直戳出來。有的人蹲坐著。有些則吹著長笛引蛇漫舞。

離開加爾各答時，我的體內已沒有任何汙垢和陰影。身體外表則被屎尿中所含的酸毀損──我在旅店裡睡入死亡之際，身體仍不由自主的大量排泄。我的身體始終沒有原諒我。至今身上仍有疤痕：過薄的皮膚迫使我再也不能隨心所欲地騎乘未加裝馬鞍的馬，否則皮膚會裂開流血；腿上的傷疤也深至骨頭，每天早上，我起床並穿上襪子的那一刻，都會目睹這一幕。

不過，這些都是我住院那段日子裡最微不足道的煩惱。我的雙眼已被洗淨。我第一次看見世界，我好想貪婪的吞下世界。往後的每一天都會是贈予。

　　偶爾我會忘記，將這贈予的第二次重生送給悲傷。偶爾，我還是會被那個從未完全離你而去的嚴厲上帝逐出天堂。

4.

　　於是，我能寫作了，並開始以我的母姓加萊亞諾署名文章和作品集。

　　直到不久前，我還以為自己當時這麼決定是因為我的父姓Hughes用西班牙語發音太難。畢竟正是出於這個原因，我少年時期在《太陽》(*El Sol*) 發表漫畫時，按照西班牙語的發音規則，將Hughes拼寫成Gius。

　　近日的一個夜晚，我意識到從1959年底起，我便自稱愛德華多·加萊亞諾，是為了表達：我是另一個人，我剛出生，我再一次重生。

歸根究柢，一切都是歷史的問題

　　西元前幾個世紀，埃特魯斯坎人把死人埋進牆裡，牆上歡

唱著對生之喜悅的讚頌。

1966年，我和格拉謝拉一起進入埃特魯斯坎文明（Etrusco）[55]的古墓裡，觀賞到那些壁畫。牆上可見情人變換各種姿勢盡情享樂，有人大快朵頤、舉杯暢飲，還有音樂和祭典的場景。

天主教信仰養成我必須痛苦，然這處充滿歡愉的墓地，著實令我瞠目結舌。

以及勇氣

幾年前一個晚上，在蒙得維的亞港口處的一間咖啡館裡，我和一名妓女友人喝酒到天明。她對我說：

「有件事你知道嗎？我跟男人上床時，從來不看他們的眼睛。我閉上眼睛工作。因為如果看了，我就會瞎掉，你懂嗎？」

55　埃特魯斯坎文明：西元前12至前1世紀伊特魯里亞地區（義大利半島及科西嘉島）的古文明。

然而，你必須要懂得選擇

有多少次，我們把勇敢和對死亡的渴望混為一談？

歇斯底里不是歷史，革命家也不是愛上死亡的人。

死亡曾幾次緊抓著我又放過我，如今仍時常召喚我，而我要它見鬼去吧。

我的第二次死亡

1.

我起身，跌跌撞撞地摁開房裡僅有的一盞燈。時鐘顯示晚上八點半。我打開木製露台的門，由此可眺望海灘。滿月讓狗激動不已。不過，我無法入睡並不是因為犬吠。

起身後我感到一陣眩暈。我再次躺下，立起枕頭，想讀點書。床是滾熱的。門外灼熱的微風不停地將杏仁樹的葉子吹落到我腳下。

對我來說這是重要的一天。一離開醫院，如同他們給我一

張復活證明。

　　我暈眩地走了幾步，轉開淋浴噴頭。我看向鏡子裡的自己，只見一堆白骨上長著一雙凹陷的眼睛。

　　我感到悲慘至極。膝蓋如果凍般癱軟。下巴不停顫抖，牙齒打戰。我凝聚起僅存的力氣用雙手按住下巴。我想要阻止這持續不斷的嘎吱聲響。我做不到。

　　我坐在床上，膝蓋裹著毛巾。水猛烈沖打浴室的水泥地板。我呆坐良久，什麼都沒想，直盯著腳趾。涔涔汗水自我赤裸的身體流下。我揩乾汗水，緩緩穿上褲子和襯衫。

　　淋浴噴頭仍開著。我這才意識到自己還沒洗澡。再脫掉衣服對我來說太費力。我關上水龍頭，接著出門。

　　我赤腳走在馬庫托（Macuto）[56]的杏仁樹下。

2.

　　卡拉卡斯是一座巨型超市。唯有汽車可以在那裡保有靈魂卻不致腐朽或肺部中毒。所以我在海邊這處面朝大海的小旅館

56　馬庫托：委內瑞拉北部沿海城市。

裡租了一間房。距離不遠。我每天穿越群山通勤。

　　這裡的確是個好地方。空氣清新，太陽早早照進房間，一天開始之前，可以先好好游泳。沿著海岸線坐落好幾家咖啡館和餐廳，小餐桌擺在海灘邊的樹下。鴿子很多。是在這裡生活期間，我才知道，母鴿用喙和雛鴿相觸並不是親吻，而是為了用自己嗉囊裡分泌出的奶水餵食雛鴿。

3.

　　傍晚時分，休戰的時刻，我獲准出院。

　　亞歷杭德羅・蒙多爾菲（Alejandro Mondolfi）醫生拍著我的背，說：

　　「我放了你。」

　　接著，他說：

　　「你在一個月裡連得兩次瘧疾。好好照顧你自己。你得吃很多扁豆。這是你的藥：奎寧和補鐵劑。」

　　此刻我總算了解，一隻蚊子可以比一條蛇更可怕，我也知道自己餘下的生命都要被那場高燒過程中，那冰與火的輪迴帶來的恐慌糾纏。叢林裡的人們管這叫「廉價死亡」，因為只要一天就能殺死你，不用浪費任何錢買藥。

　　我和丹尼爾・帕切科（Daniel Pacheco）、阿納爾多・門多薩（Amaldo Mendoza），一起被大雨困在瓜尼亞莫（Guaniamo）[57]叢林的鑽石礦裡。這樣的災難可獲得豐厚的報償。在那裡，一個人可能上床睡時還是百萬富翁，清晨便已斷氣或連買一片餅乾的銅板都沒有。比如曾創立礦業家族事業的黑人巴拉巴斯（Barrabás）。他憑發現的一顆鴿子蛋大小的鑽石起家，而後，他拔光所有牙齒裝上一副純金打造的假牙。最後卻落得在邊境一個殘破的礦場乞求賒帳吃一頓早餐。

　　礦場裡的礦工都在樹間的吊床上睡覺。一張吊床就是一個家，喝的是百齡罈威士忌和法國白蘭地。這裡咖啡的價格是卡拉卡斯的十倍，我們很快就身無分文。內娜（Nena）拯救了我們。她來自拉瓜伊拉（La Guayra）[58]，十九歲，她一個晚上出賣肉體所賺的錢比我一個月勞動所得還多。不過當我望見她的腿，心想：「這是公平的。」內娜給我們啤酒和食物；我們終於熬到鑽進一架小型飛機逃離叢林。蚊子吞噬我們，三人的血裡都染上瘧疾。兩種瘧疾我都得了：一次是輕微的，接著就是

57　瓜尼亞莫：位於委內瑞拉南部玻利瓦爾省州（Bolívar）的西部。
58　拉瓜伊拉：委內瑞拉卡拉卡斯北三十公里處的一座城市，為該國重要港口。

嚴重的。

抵達醫院的時候，我的頭簡直是爛瘡一塊。高燒用匕首在我腦裡攪動，並點火燃燒。張開的嘴裡跑出呻吟和胡話。我覺得自己快死了，也不指望誰能在我精神錯亂之際現身，張開雙臂救我於高燒的沸騰及刀割的刺痛中；疼痛劇烈到我體內只剩下疼痛，我只是單純地想死，因為死亡帶來的疼痛較輕微。

不過，第二天早上醒來感覺很好。燒退了。我眨眨眼睛，掃視一遍鄰床，我揉揉眼睛。我周圍全是因為利什曼原蟲症（leishmaniasis）[59]而情緒低落的面孔。而麻瘋則吞噬了他們的耳朵、嘴唇和鼻子。他們的骨頭和牙床明顯突出。

我被留在那裡一段時間。我想，我是唯一的瘧疾病患。麻瘋病患都是農民，不太說話。我把朋友帶來的蘋果分給他們吃。他們有收音機，我們一起聽波麗露舞曲（Bolero）[60]。

醫生施打足以醫治一匹馬的奎寧劑量救了我。我慢慢恢復。目睹深黑的尿液時，我不住驚慌了起來，那猶如我死去的

---

59 利什曼原蟲症：好發於熱帶地區的流行病，每年的感染個案約一千兩百萬，嚴重威脅著世界至少八十八個國家。

60 波麗露舞曲為西班牙舞曲，節奏為中速度三拍，適合單人舞，也適合雙人舞。舞者高舉單手，並以響板伴奏。

血。而當再次發燒之際，我更是驚恐萬分。我緊緊攫住醫生的
手臂求他別讓我死，因為我已經不想死了，醫生大笑，要我別
再鬧了。

4.

記憶中那段住院時光像一場旅行。我坐在火車上，穿行於
世界，夜晚的濃霧裡浮現出城市與光芒、摯愛的容顏：我向他
們說再見。

我看見蒙得維的亞的大海和港口，以及派桑杜的營火，快
樂童年的街角和平原。我看見奔馳的小馬。我看見泥造的農舍
和幽靈般的村莊。休息中的母牛背上一群小鳥。一段廢墟時光
的碎片。我看見自己走進長滿荒草的教堂。我插入鑰匙，門吱
吱嘎嘎作響的打開。外面傳來雲雀和小辮鴒的喧囂。光線透過
色彩斑斕的玻璃窗照進來，我的臉沐浴在紅色光線下，而我此
時正邁開步伐穿越叢生的雜草走向祭壇和上帝聊天，然後失去
祂。

我看見我的兄長在樹下猛地搖醒我，那是我們騎馬穿越草
原的第三天清晨。他叫醒我，問道：「你睡過女人嗎？」而我
伸了個懶腰，對他撒謊。

我看見無數大海和港口。郊區的酒吧，煙塵瀰漫，到處是熟食的味道。監獄。偏遠地區。消失在群山裡的小村落。營火。我看見眼神、子宮、閃耀的光：在暴雨裡、在大海中、在火車上曾愛過的女人，半夜被釘在路樹上的女人；甲蟲蜷曲成球狀自沙丘滾落。我看見我的孩子，以及那些再無音信的朋友。

我整個人生都在告別中度過。我全部的人生都在說再見。我到底是怎麼了？在這麼多的告別之後，我離開了什麼？而我的心裡，還剩下些什麼？我已經三十歲，但是在我的記憶和繼續活下去的渴望之間累積了太多痛苦、太多恐懼。我曾化身為許多人。我到底持有多少張身分證明？

又一次，我幾乎快要沉船。我從非出於自己選擇且遠離家人的死亡中被救起，當下的喜悅竟比任何慌亂或傷害更為強烈。我心想，若是這麼死了對我是不公平的。這艘船還沒進港。可是，萬一沒有任何港口可以停泊的話呢？或許航行是為了純粹的享樂，或者出於對大海或曾遺失或想像出來的那片明亮天空的瘋狂探索。

我如果在這時候死了會是個錯誤。我想在死亡到來之前付出所有，掏空自己，好讓那個婊子養的死亡找不到任何東西可以帶走。我還有很多力氣！是的。在經歷這些告別之後所留下的是：更多的氣力、繼續航行的渴望以及對這世界的貪戀。

5.

朋友開車從醫院把我接走。我們在太陽下山前抵達馬庫托。我們來到一間咖啡館，點了啤酒。

黃昏的光線裡浮現出許多其他時期的傍晚。年少時我去釣魚，卻不是真的為了釣魚，事實上我對釣魚毫無興趣，因為我很同情那些魚，我是為了享受坐在碼頭上凝望大海吞噬太陽的景象。至今，我仍如此感受。我想，無論如何，某些內在本質始終未變。

我和朋友說笑著。他們把拐杖遞給我，說瘧疾在我體內留下了聖維杜斯病毒（El mal de San Vito）[61]，建議我開始辦理退休手續。

日落後，他們回去卡拉卡斯。我回房間躺下。我想睡覺，卻睡不著。

61　聖維杜斯病毒：亨丁頓舞蹈症（Huntington's disease）的舊名。一種遺傳性神經退行性疾病，發病時無法控制四肢。

6.

　　過了一會兒，我起身出門散步。我光著腳，感覺到腳底的沙，樹葉輕觸我的面頰。離開醫院時我了無生氣，但至少我活著出來了，鬼才在乎什麼下巴顫抖或雙腿虛軟。我撐一撐自己，笑了起來。我沒有疑惑也沒有恐懼。整個星球都是我的應許之地。

　　我想我獲得不少可以說給別人聽的故事，而且發現（或說確認了）寫作是我的天職。過去，在多數時候，我甚至曾經說服自己，若和其他事情如政黨活動或冒險相較，寫作這項孤獨志業並不值得。我寫過也發表過很多作品，但是我一直缺乏勇氣觸及內心深處、展現並獻出自己。寫作是危險的，猶如依循應有的方式做愛。

　　那天晚上我意識到自己是追逐詞語的獵手。我為此而生。這將是我在歷經死亡之後與他人相處的方式，由此所有我愛過的人和事將不會隨我死去。

　　為了寫作，我必須全力以赴。我很清楚。挑戰自己、激怒自己、告訴自己：「你做不到。我打賭你一定做不到。」我也知道為了生出詞語，我必須閉上眼，瘋狂地想一個女人。

7.

就在此時我餓了，於是我鑽進馬庫托的一家中餐館。我坐在門邊，以迎接從海上吹來的清新微風。

店內盡頭處有一個女人正獨自用餐。我只看見她的輪廓，並未太過留心。總之，我近視眼，加上沒戴眼鏡。

我不記得自己吃了什麼。大概是蛋卷、湯品、炒雞肉之類的。喝的是啤酒，比起劣等的紅酒，我更愛啤酒。我依自己喜好的方式喝啤酒，冰泡沫沾滿嘴唇，金色液體一點點流過泡沫擦過齒間。

用餐的當下，我全然未留心下巴的顫抖。手穩穩的把叉子送到嘴邊。

我抬起眼。那名蒼白的女人緩緩自盡頭處走過來。

她從地上撿起一張紙飛鏢，撕成碎片。我看著她，她看著我。

「我寄了一張紙條給你。」她對我說。

我嚥了口唾沫，滿懷歉意地笑了。

「請坐。」我邀請她。「我沒注意到。」

我問她紙條上寫什麼。

「我不知道。」她回答道。

「請坐。」我又說，拉過一張椅子。

她搖搖頭，猶豫了一下。最終還是坐下。只見她不自在的盯著地板。

我想繼續用餐，但是實在太難。

「妳看起來很少曬太陽。」我說。

她聳聳肩。

盤子裡的食物冷掉了。

她伸出手找菸。我瞥見她手腕上的傷疤。

我為她點菸。她咳了一聲。

「這菸很嗆。」她說。

她檢查菸盒，在手裡大致翻看一下。

「不是這裡的菸。」她說。

燈光拂過她的臉。儘管瘦削蒼白，她是美麗的。她注視著我，我想要她笑，卻不知道怎麼做。

「你知道我為什麼扔紙條給你嗎？」她問我，接著說，「因為你有一張瘋子的臉。」

我記得當時店內正低聲播放曲調悲傷的中式音樂。如果我沒聽錯，一個女人的聲音在每一聲哀吟之間切入。

「我從不曬太陽，」她說，「我把自己整天關在房裡。」

「那你在裡面做什麼？」

「等待。」她對我說。

8.

最後餐廳的燈都熄了——一種不太中國的趕人方式——我們往沙灘走了幾步。然後坐下來。

我抬眼望向這個國家的夜空。和我們國家的天空不一樣。我開始尋找星星。意外地在天際發現南方十字星。女人告訴我，五月才看得見南方十字星。

她說話的樣子，彷彿像是已緘默許多年。她邊說邊咬著指甲。所有的指甲都被啃咬過。

我的膝蓋虛浮，眼皮沉重；我的下巴又顫抖了起來。但是在那裡我感覺很舒服。

我不知道為什麼我要對她說，她很好看只是太瘦。她反擊地撩起裙子讓我碰碰她的腿。

之後，我們在樹下走了幾個街區。她模糊地指向通往海灘的窄巷上方一排紅瓦屋。

「我住那裡。」她說。

我也喜歡她輕微沙啞的嗓音。

她停下來，背倚著一堵牆。

天氣很熱。路燈下有蚊子在飛。

「原諒我說了這麼多。」她說。

她咬了咬嘴唇。一小滴血滑落至下巴。

9.

我喜歡看她在藍色的月光下褪去衣物。她堅稱自己很瘦不過是假象，她說得沒有錯。

我想，我從沒這麼糟糕過。動動手臂就已是一種勝利。我從她體內抽出後便暈了過去。

她將我搖醒。

「那是什麼？」

我回頭，揉了揉眼睛。

敞開的門邊可見兩隻金色眼睛在閃光，黑夜裡格外明亮。

「不知道，」我說，「貓吧。」

我正要再次滑入睡夢，她又抓緊我的手臂。

「你看。」她說。

「什麼？」

「還在那裡。」

那雙眼睛眨都不眨，一動也不動。

於是，我也沒法睡了。

我打開燈，沒看見貓，什麼都沒看見。我關上燈，翻身面向牆壁。卻感覺得到後頸有如電擊。

蒼白的女人起身走過去。

「別管它。」我對她說。

我看見她彎下腰。隱約聽得到海浪翻滾的低語。她的身體擋在我和那雙金色眼睛之間。

突然間，她發出一聲慘叫。

10.

我打開床頭燈。她仔細檢查自己的手，啞然無言。我看見那上面的咬痕。

「這隻貓有狂犬病。」她說道，頓時哭了起來。

我必須強迫自己才有辦法出聲說話。我相信我是真誠的。我對她說，只有狗才傳播狂犬病，貓不會。睡意襲來。女人的手腫脹了起來。

「不，」她堅持道，「貓也會。這隻貓有狂犬病。」

「我就算死了，你也不會在乎的。」她啜泣道。

她決定出去問問。我站起身的時候，世界整個翻了一圈。

我不知道是怎麼把衣服套上的，頭暈目眩的跟著她下樓。

我們找到一名水手，他正背靠海灘上的石牆睡覺。他沒生氣，吸著第一小口菸不急不徐地回答道，應該去追捕那隻貓，才會知道答案。

於是我們出發，我們三人在黑暗裡呼喚著貓。我們只有一隻手電筒。我們看見各種顏色、大大小小的貓。我們衝著牠們喵喵叫，牠們也回應我們，探出來看一眼，沿著屋簷滑過而後逃走。

每走幾步我就得坐在地上為接下來的幾步路攢足力氣。我甚至不覺得喘，因為我根本連好好呼吸都做不到。我也沒有眨眼：一旦我閉上眼，哪怕只是一次，我就會睡著。

11.

她的手轉為紫紅色。整隻手臂都麻痺了，但是她已經不再抱怨。她必須去醫院。她想自己去。我的身體正在罷工。即便我下達指令，它卻動也不動。「好伙伴，」我求它，「您可不能辜負我。」

若要去醫院，我們得先抵達高速公路，接著期待掌管這個街區的神靈為我們派來一輛計程車。高速公路在陡峭而綿長的

斜坡另一頭。

醫院為她注射血清。這蒼白的女人手上纏著繃帶走了出來。她冷冷地對我說，未來的十四天，她必須每天前往卡拉卡斯的狂犬病防治中心打針。第一針是當天早上八點。我承諾會陪她去。她什麼都沒說。

等我們回來時，地平線上已經升起黎明的晨霧。在第一道晨光中，一艘捕魚船出現在海灘前。

我夢遊般的走上樓梯，一頭栽進床上。我記得我勉力調了鬧鐘指針，卻未上發條。

醒來已經是下午四點。

12.

我去找她。

我一家家找遍她告訴我她居住的那片街區。我不知道她的名字。我提供所知的一切：面容、她蒼白的皮膚、衣服、脖子上的方巾、涼鞋。沒有人見過她。沒有人聽說過她。

我沿著海岸線一路向前。我走著、問著、持續著。

我得去卡拉卡斯。回來的時候，已經很晚了。

中國餐廳的服務生正用鋸木屑掃地。他倚在掃帚上，衝著

我微笑點頭，只是他什麼也沒說。

太陽消滅了萬物的顏色與形態

五年之後，我回到馬庫托。

那間德國旅館變了。我發現露台的柳條扶手椅壞損，紗門有破洞，地板和牆壁更為傾斜，而長年待在入口陰暗處的那對年邁情侶，他們的面色愈是渾濁。

門外依然一如既往，太陽、鴿子、人潮。

我的房間空著。我睡在被其他身體溫暖過的同一張床上，一早便醒來。

我找不到晾在露台上的游泳衣。也許是一個小偷，他找不到任何方法進入室內，同時認定沒什麼好拿的；或者是風，但是沒有起風。又或許馬庫托非得從我這裡搶走一點什麼。

我沿著海岸走了一整天。

天氣很熱，陽光折射下來幾乎沸騰，只要把目光聚焦在空氣裡任何一點就會引燃一場白色大火。路易士・布里托（Luis Britto）[62] 說得對，熱帶地區的陽光就是一支螞蟻軍團，吞噬其

所到之處。馬庫托的陽光，是從上帝眼中伸出的匕首：畫家列維隆（Armando Reverón）[63] 在這裡建造他的石造屋，發瘋後追逐著這道光，至死也沒能握住。

然而，我更偏愛人類的光芒

1.

「叛徒。」我對他說。我把一張古巴報紙的剪報拿給他看：上面的他一身投手裝扮，正在打棒球。我記得他笑了，我們都笑了。我忘了他有沒有回答我什麼。兩人之間的談話像乒乓球一樣，從一個話題跳到另一個。

「我不希望每個古巴人都渴望成為洛克菲勒（Rockefeller）。」他對我說。

如果社會主義能淨化人，能讓他們超越自私自利，能把人

62 路易士・布里托：委內瑞拉著名作家，曾獲頒該國國家文學獎。
63 列維隆：即阿曼多・列維隆，委內瑞拉印象派畫家。他於1921年起定居馬庫托。

類從競爭和貪婪中拯救出來，社會主義就是有意義的。

他告訴我，他擔任中央銀行主席期間，曾在鈔票上簽名「切」來自嘲，他說金錢──該死的崇拜物──就應該是醜陋的。

和所有人一樣，切·格瓦拉（Che Guevara）被自己的眼睛出賣了。我記得他清澈的目光，像是初生的晨光：那是有信仰的人才有的眼神。

2.

和他聊天時，你不會忘記這個男人才剛結束拉丁美洲巡禮，如今來到古巴。玻利維亞革命的旋風、瓜地馬拉革命的痛苦，他都在場，而且不是以遊客的身分在場。為了謀生，他曾經在中美洲運送香蕉，在墨西哥的廣場拍照，往後他又全盤賭上自己的生命，展開格蘭瑪號探險（El Granma）[64]。

他不是坐辦公室的人。我在1964年年中採訪他時，輕易

---

64 格蘭瑪號探險：指1956年11月25日斐代爾·卡斯楚和切·格瓦拉等八十二名古巴革命戰士乘格蘭瑪號遊艇，從墨西哥遠征古巴，反抗獨裁者富爾亨西奧·巴蒂斯塔（Fulgencio Batista）的統治。

便能感知到他那種籠中猛獅的張力遲早要爆發。

　　他是獨特的，他拋下自己一手發動的革命和一小群瘋子，重新投入另一場革命。他不是為勝利的榮光而活，而是為了戰鬥——為人類尊嚴而必須永遠戰鬥。在我第一次到訪古巴期間，陪同的司機坎德拉（Candela）直稱他騎士，而他只把這至高的古巴式讚譽給過三個人：斐代爾·卡斯楚（Fidel Castro）、切·格瓦拉，以及莎士比亞。

3.

　　三年後，我定定看著各大報的頭版。無線電傳真來的照片從多個角度呈現他靜止的屍體。巴里恩托斯將軍（René Barrientos）[65] 的獨裁政權向全世界展示自己的偉大戰利品。

　　有那麼好一會兒，我看著他的微笑——諷刺又溫柔——腦海裡浮現出 1964 年那次對話：關於世界的定義（「擁有真理的是一些人，然而，掌控一切的又是另一些人」）、關於革命（「古巴永遠不是一個社會主義展示櫃，而是鮮活的實例」），還有關

65　巴里恩托斯將軍：時任玻利維亞總統，當他得知切·格瓦拉於1966-67年間在玻利維亞境內展開游擊戰時，便誓言要置他於死地。

於他自己（「我犯過很多錯，但是我相信⋯⋯」）。

我想到：「他失敗了。他死了。」我想到：「他永遠不會失敗。他永遠不死。」我的雙眼定在他那張拉普拉塔河畔救世主的臉上，我是多麼渴望祝福他。

布宜諾斯艾利斯，1975年10月：機器的日常生活

1.

奧蘭多·羅哈斯（Orlando Rojas）是巴拉圭人，但是已經在蒙得維的亞住了幾年。

他告訴我，幾個警察闖入他家帶走所有的書。所有的書——關於政治、藝術、歷史、野生動植物。隊員中一名年輕便衣在查看某些書名後，面色慘白厲聲斥喝，猶如宗教裁判與女巫正面對質。

一名警官斥責奧蘭多：

「諸位帶來很多亂子。但是你們不過十個人。」

「我們是十個。暫時是十個。」巴拉圭人這麼說，他說得

很慢，「但是，等我們變成十一個……」

他們一併將他帶走。將他關起來，又放他走。一個星期後，他們再次將他關起來：

「聲明失效。」

他們虐待他，把他驅逐出烏拉圭。在布宜諾斯艾利斯，警方正等著他。他們拿走他的身分證明文件。

奧蘭多說：「我運氣很好。」

「快走，」我對他說，「他們要殺你。」

2.

我與安娜‧巴蘇阿爾多（Ana Basualdo）會面。她運氣也很好。

她被蒙上眼從布宜諾斯艾利斯的住處被帶走。她不知道到了哪裡。手腳都被綁住。尼龍繩纏住脖子。拷問她所發表的一篇文章的同時，他們還對她拳打腳踢。

「這是一場聖戰。我們已經審判了妳，妳是有罪的。我們要處決妳。」

破曉時分，她從一輛車上被放下，他們將她推向一棵樹。面部朝向樹幹，眼睛被蒙住，但是她感覺到有幾個男人在背後

列成一排，半跪姿。她聽見槍上膛的聲音。一滴汗從頸後淌下。接著，連發射擊。

過後，安娜驚覺自己仍活著。她摸索著自己——沒有槍傷。她聽見車子遠去的聲音。

她奮力掙脫捆綁，扯掉蒙眼布。下著雨，天色極其陰暗。某個地方傳來狗吠。她被參天古樹包圍著。

「一個為死亡準備的早上。」她心想。

布宜諾斯艾利斯，1975 年 10 月：她永不磨滅，儘管知道已注定失去

1.

晚上九點半。門房應該已經關閉電梯。某處有扇窗啪的關上。或遠，或近處，電視和摩托車的聲音傳來。犬吠，人聲：有人在嬉鬧，有人在抗議。有人喊著吃晚餐了，菜快涼了；油炸和燒烤牛肉的香氣自天窗飄散而出，菸草的煙瀰漫在空氣中。

我想起埃爾達（Elda）。她已經入院，被注射藥劑，不再受

苦，或者說不再感知到受苦。醫生們交叉雙臂：我們盡力了。
我得去醫院。這讓我難以承受。

這次入院，埃爾達並沒有對我說：「等我這次出院，你會
帶我去你家吃飯嗎？我突然很想吃中國菜、喝紅酒。」

過了這麼多天，至今埃爾達仍未對我說，「等我這次出院」
或者「等我好了」。

先前，她曾要求我承諾去看電影或去海灘或去巴西，但是
現在她不能說話了，她說不了這些，什麼都說不出來。

我是在比利亞爾‧阿勞霍失蹤的那天認識她的。她的雙眼
令我讚歎，那麼大，睫毛濃密，彷彿源自苦痛。

之後我們持續見面。

「你是哪來那麼多甜言蜜語？」

「小時候大人給我吃太多甜菜。在奇維爾科伊
（Chivilcoy）[66]，妳知道這地方嗎？」

我們常在托隆（Tolón）或拉莫斯（Romos）酒館相聚。

66　奇維爾科伊：布宜諾斯艾利斯西邊一百六十公里處的城市。

2.

疾病在她十六歲那年便侵襲她的肺。她已奮戰八年，看上去不曾失敗，但是身體可說是被鑽、手術以及醫生的誤診等所嚴懲。她很少提及自身所承受的詛咒。她已學會理解，更不願欺瞞自己：她把診療記錄存放在衣櫃裡。

她入院前，我在她家，此時她已經無法言語，因為每說一個字，胸膛便劇烈起伏：她啜飲一小口水，搖晃手示意要戴氧氣罩。床邊圍著我不認識的親戚、朋友。埃爾達十分蒼白，額頭濡濕；頭枕在枕頭上，長髮中分於前。天氣晴朗，午後的陽光透過窗簾照進來。藍色睡衣穿在她身上很好看，我這麼告訴她。她悲傷地微微一笑，那一刻，我靠近她，在她臉上看見死亡最初的跡象。她的鼻子尖削，皮膚稍顯緊貼牙床。眼神沒有光彩，迷失於虛空；驅趕干擾物或煙塵或蒼蠅時，某道短暫的閃光穿過她的眼眸。我吻她。嘴唇是冷的。

3.

有一次，她對我說起一個從兒時起便糾纏她的夢。地鐵衝出軌道向前疾馳，碾軋月台上的人。她在人群中，地鐵幾乎就

在她上方。她設法逃離、奔跑、爬上台階。此時，她赫然發現有個東西遺落在下面。她必須回到地鐵。

4.

我抵達醫院。院裡人滿為患。有些人在哭。我向院方詢問埃爾達。他們打開一道門好讓我進去探視她。她身穿藍色睡衣，但是皮膚的顏色已經變了，上面插滿針頭。她含著一根導管。從嘴裡流出一絲血。儘管服用高劑量的安眠藥和鎮靜劑，她的身體仍劇烈抽搐。

我想著上帝沒有權利對一個人做這樣的事。接著，我完全無法思考了。我夢遊般踉踉蹌蹌地走下樓梯。我聽見埃爾達的一名摯友在叫我的名字。我們面對面站了好一會兒，沉默不語，彼此對望。醫院大門人來人往。

而後她開口：

「那個週日……你記得嗎？」

還不到一個世紀之久。僅僅十天或幾個星期以前。埃爾達當時已經無法下床。她的肺正一點點死去。她無法正常呼吸——她不住的喘氣。她求我帶她離開。這太瘋狂，卻沒人反對。所有人為她穿上衣服、梳理頭髮。我們好不容易坐上計程

車。我們一小步一小步的走著，每走一公尺或一公尺半左右就得停下來休息。她快要喘不過氣來，我手臂扶著她以免她跌倒。我提議去看場戲或電影。她想跟我回家。那個週日晚上，埃爾達彷彿有三片肺葉。凌晨她衝著我眨眼，微笑的說：

「我和魔鬼簽了一份契約。」

而此時她最好的朋友對我說：

「我想讓你知道她那天回來以後對我說的話。她回到家，對我說：『現在就算我死了，也了無遺憾了。』」

女孩唱著歌在人群中巡航

在地鐵站，熙攘的人群讓路給一名唱歌的年輕女孩。

她沿路愜意搖擺。

吉他上掛著一只編籃，好讓人們投錢。

女孩有一張小丑面孔，沿路走唱之際，她便對孩子們擠眉弄眼。

在喧鬧的車站裡，女孩唱著近乎神祕的旋律。

我是陶土製成，也是時間養成

自孩提時期起，我就知道天堂不存在記憶。亞當和夏娃沒有過去。

你有辦法將每一天過得像是第一天嗎？

為了開闢寬闊的林蔭道

1.

我不認識那道聲音也不記得那個名字。她說，1971年那一年，她見過我，在蒙得維的亞的體育人咖啡館，在她啟程前往智利的前一夜。我寫了一封短信將她引薦給薩爾瓦多‧阿言德（Salvador Allende）[67]。「你想起來了嗎？」

---

[67] 薩爾瓦多‧阿言德：曾連續三次競選智利總統，總算在第四次當選，並於1970年就任，死於1973年軍事政變。本書提及他中彈身亡，但另一派說法認為，阿言德其實是舉槍自盡。

「現在我想見你。我必須見到你。」她說。

她說，她帶了一則阿言德的訊息給我。

我掛上電話。直盯著緊閉的門。半年前，阿言德中彈身亡。

我沒法繼續工作了。

2.

1963年冬，阿言德帶我前往智利南部。這是我第一次看見雪。在蓬塔阿雷納斯（Punta Arenas）[68]那些漫長無邊的夜裡，我們一直聊天、喝酒，雪在窗戶的另一邊不停落下。他陪我去買毛氈長褲，當地人稱之為「激情殺手」。

次年，阿言德成為智利總統候選人。穿過臨海山嶺時，我們同時看到一座巨型看板，上面寫著：「選弗雷[69]，窮孩子有鞋穿。」有人在下方塗寫上：「選阿言德，不再有窮孩子。」他看了很高興，但是他知道恐懼的機制有多強大。他告訴我，有個

---

68 蓬塔阿雷納斯：智利南端重要港口城市，也是世界最南端大城市。

69 即愛德華多・弗雷・蒙塔爾瓦（Eduardo Frei Montalva），智利基督教民主黨（Partido Demócrata Cristiano）領袖，1964年選舉中擊敗阿言德，同年至1970年任總統。美國中央情報局插手這次競選，支持並贊助弗雷。

女傭將自己僅有的洋裝深埋在主人宅邸某處，以免萬一左派獲勝，會來搶走她的衣服。智利正承受美元氾濫的苦果，城市牆上畫著一群大鬍子從媽媽們懷裡搶走孩子送去莫斯科。

1964年的選舉，人民陣線（Frente Popular）落敗。

時光流逝，我們更常見面了。

在蒙得維的亞，我陪他參加政治會議和遊行；一起看足球賽；共享食物、酒和阿根廷探戈。看台上群眾的歡樂氣氛、進球和球員完美搭配時民眾的歡呼、鼓噪、煙火的喧囂、漫天五彩碎紙如雨下等，在在令他興奮不已。他熱愛老莫里尼烤蘋果薄餅，而他則是出於禮貌的淺嚐一口聖羅莎卡本內紅酒，因為我們都知道，智利紅酒好太多。他跳起舞來熱情洋溢，卻又帶有一種老派紳士風格，甚至彎腰親吻女士的手。

3.

我最後一次見到他是在他即將就任智利總統前夕（1970年）。我們在瓦爾帕萊索（Valparaíso）[70]的街上擁抱，周圍淨是

---

70 瓦爾帕萊索：智利中部港口城市。

高舉火把喊他名字的群眾。

那個晚上他帶我到位於孔孔（Concón）的某間飯店，凌晨我們獨自待在房裡。他掏出一支裝著威士忌的軍用水壺。此時，我已去過玻利維亞和古巴。阿言德不信任玻利維亞民族主義的軍隊，儘管他很清楚自己需要他們。他問起我們在蒙得維的亞和布宜諾斯艾利斯的共同友人。一會兒，他說他還不累。他閉上眼，繼續說話並提問。我開了些窗，好聽到、聞到大海的氣息。黎明不遠了。那天早上，他在飯店和海軍將領們有場密會。

幾天後，我們在他家用餐，一同出席的還有猶如埃爾·格列柯（El Greco）、畫中騎士一般的何塞·托阿（José Tohá），以及豪爾赫·蒂莫西（Jorge Timossi）。阿言德告訴我們，銅礦國有化法案將在議會遭到阻力。他考慮進行一場盛大的公民投票。舉著「銅礦屬於智利人」的大旗，人民團結聯盟（Unidad Popular）即將打破資產階級制度的局限。他聊起這個話題。隨後，說起那天早上我在鄰房沉睡之際，他和海軍高層軍官談話的部分內容。

4.

然後，他當上了總統。我幾次行經智利，但是從未想過耽
誤他的時間。

巨變的狂熱時代到來，右派發動骯髒戰爭。情況並未朝阿
言德所期待的發展。智利收回銅、鐵、硝石；壟斷企業國有化，
土地改革分割寡頭的脊柱。然而，權力主儘管失去政府卻依舊
保有武器和司法體系，掌管報紙和廣播。公務體系無法發揮
作用，商人囤貨壟斷，企業家暗中謀反，投機分子操弄貨幣。
作為議會裡的少數，左派無力地辯爭；軍人自說自話地行動。
牛奶、蔬菜、儲備糧食、菸草，什麼都缺；然而，儘管這些政
治方針及其所引起的憤怒，他砰地倒下前一週，仍有八十萬名
勞工走上聖地牙哥街頭遊行，只為了讓人知道政府並非孤立無
援。只可惜這些人大多一無所有。

5.

如今，1974年的夏天即將結束，莫內達宮（Palacio de la
Moneda）[71]已被推翻半年。在我位於布宜諾斯艾利斯雜誌社的
辦公桌前，這個女人坐在我面前，對我說起智利、說起阿言德。

「他問起你。他問：『愛德華多去哪裡了？告訴他，來這裡。跟他說，是我找他的。』」

「那是什麼時候的事？」

「政變前三週。我去蒙得維的亞找過你，但沒找到；你當時在旅行。有一天，我打電話去你家，他們告訴我，你搬來布宜諾斯艾利斯了。再後來，我覺得已經沒必要告訴你了。」

1942年，夏

幾年前，在基輔，我得知迪納摩隊（Dynamo）球員配得上一座雕像的原因。

他們向我訴說一個發生在戰爭年代的故事。

烏克蘭當時被納粹占領。德國人籌備了一場足球賽。由德軍所組成的國家隊對上由紡織工廠工人組成的基輔迪納摩隊：超人對上餓鬼。

71　莫內達宮：智利總統府。

那個下午球場擠滿人。當軍隊踢進第一球時，球迷一陣沮喪，全場鴉雀無聲；迪納摩隊打成平手時，他們彷彿被點燃了；直到上半場結束，德國以一比二落後，看台上可說是炸開了。

占領軍指揮官把副官派去更衣室。迪納摩隊球員聽著這樣的警告：

「我們的球隊從來沒在占領區輸過。」

接著，則是威脅。

「你們要是贏了，就處決你們。」

球員們回到球場。

幾分鐘後，迪納摩隊踢進第三球。球迷們忍不住站起身觀賞球賽，更是不停嘶吼。第四球進，球場幾乎被掀開。

突然，比賽時間未到，裁判宣布結束。

所有迪納摩隊球員連球衣都未褪去，便在懸崖邊慘遭槍殺。

比任何悲傷或獨裁更強大

在蒙得維的亞，達西・里貝羅（Darcy Ribeiro）[72]剛開始流亡初期，肩膀上總停著一隻鸚鵡，不時將他的胸毛啄出。鸚鵡

睡在陽台。蒙得維的亞海岸的風很強勁。有一天早上，鸚鵡被發現溺斃在特魯維爾（Trouville）的一處游泳池裡。

直到我在里約再次見到他，已經沒有鸚鵡了。但是他倏地跳起身迎接我，眼睛閃耀著光茫；他一如既往地喊我「意識形態穆拉托（Mulato）」[73]；他問起我的工作、我的生活，並向我述說他在一個又一個國家之間遊蕩的故事，他毫無怨言。他說起巴西；告訴我一個大眾汽車共和國不見得和一個香蕉共和國有什麼本質上的不同，不一會兒，他向我完整分析阿根廷的結構危機並解釋智利悲劇的起因，他同時告訴我，應該為烏拉圭做什麼。

我仔細聆聽，並深深著迷於他那些狂妄的理論和傑出的定義。達西有個停不下來的腦袋一如他本身，即便有時會犯錯或根本是在一連串的廢話中追逐真理，也值得認識這充滿生命力的智慧。基於充分的理由，那些將馬克思主義視為教義的人以及擅長讓人備感無聊的社會學家都無法忍受他。

隨後我問起他的癌症。達西掀起上衣，露出一道傷疤。一

72　達西・里貝羅：巴西人類學家、教育家和政治行動家。曾任教育部長並推動教育改革。1964年巴西軍事政變後流亡，期間居住烏拉圭數年。
73　穆拉托：是歷史上西班牙人、葡萄牙人對歐非混血及其後裔的一種蔑稱。

道可怕的 L 型裂口橫跨他整個背部。

他笑著說：「你看，我是鯊魚的殘羹。」

達西想回巴西進行手術。軍隊允許他死在自己的國家。他們等著他，並把他從機場送到醫院。達西幾乎體力盡失。他用最後一絲力氣偷摸護士的屁股。他們摘走他一個肺，他卻活了下來。政府覺得上當了。

在里約的那個晚上，他即將啟程前往利馬。達西一直在笑，但是他坦承不能再抽菸著實困擾他。

「很嚴重，是不是？我可是一天抽五包的。」

「你知道我發現了什麼？」他對我說，「我發現其實一個人可以為了抽菸所得到的快感而願意做任何事。為什麼去海裡游泳？為什麼要和朋友聊天？為什麼看書？為什麼寫作？為什麼做愛？」

「真正的快感都在香菸裡。」他說，「儀式便在其中。」

然後，他笑了。

最後的聲音

在巴拉圭亞松森（Asunción）一處庭院裡，令人尊敬的霍韋爾·佩拉爾塔（Jóver Peralta）[74] 舉起枯枝般的拳頭，反抗獨裁者斯史托斯納爾（Stroessner）[75]：

「推翻文盲元首！[76]」他用盡力氣嘶吼，「以真理之名，推翻惡棍！」

我聽著他接連咒罵數小時，而眼前的老佩拉爾塔其實渾身尿味，骨瘦如材。

他告訴我，他寫了一封信給幾名學生，向他們解釋為什麼必須為美洲的統一、擁有自身財富以及免於美國佬控制的自由而奮鬥；他把信交由一個傢伙帶去郵局投遞，沒想到那個傢伙是間諜。

他對我說起索拉諾·羅培斯（Solano López），說起他高貴

74　霍韋爾·佩拉爾塔：巴拉圭學者、詩人和政治活動家。

75　史托斯納爾：即阿爾弗雷多·史托斯納爾·馬蒂亞歐達（Alfredo Stroessner Matiauda）。1954年，透過軍事政變成為巴拉圭總統，借助兩次修憲而六次連選連任，直至1989年才因另一場軍事政變被迫下台。

76　此處「元首」，原文以德文Führer表達，原因在於史托斯納爾為德裔。

的死亡以及三國聯盟戰爭（Guerra de la Triple Alianza）[77]。

「布宜諾斯艾利斯寡頭對我們的傷害太大。」他喃喃地說，「我們變得自卑、多疑。布宜諾斯艾利斯寡頭催毀我們的靈魂！」

「愚蠢！」他高聲怒吼，你必須摀住耳朵才聽得清楚。

他瘦小的身軀在枝葉茂盛的大樹下一動也不動。令人尊敬的霍韋爾只有嘴唇能動，但是憤慨致使他手腳顫抖。他的腳上

---

[77] 三國聯盟戰爭：法蘭西斯科·索拉諾·羅培斯（Francisco Solano López）1862至1870年任巴拉圭總統，為前總統卡洛斯·安東尼奧·羅佩斯（Carlos Antonio López）長子。羅佩斯父子貫徹前獨裁者弗朗西亞（José Gaspar Rodríguez de Francia）立足國內發展方針，同時大力推動國家壟斷式對外貿易以充實府庫，大量引進技術、設備以增強國力，將國家推上近代化強國軌道。這一時期巴拉圭先後興建造船廠、兵工廠、拉丁美洲第一家煉鐵廠、鐵路和電報系統、以及裝備精良的軍隊等。發展相對超越鄰國的巴拉圭在拉普拉塔地區激起恐慌和仇恨，奉行自由主義經濟的鄰國和致力於經濟滲透的不列顛人認為其不僅構成威脅，其發展模式更是負面，極欲徹底清除其吸引力。這些原因與邊界、關稅、通航糾紛等加乘，促成阿根廷、巴西和烏拉圭圍殲巴拉圭的三聯盟之戰（1865-1870）。戰爭中止了巴拉圭的自治實驗，更將之推到亡國滅種的邊緣：喪失六分之五強人口（十四至六十五歲男性占十分之九）、十四萬平方公里的土地，還有巨額戰爭賠款，使巴拉圭一舉淪陷至拉丁美洲諸國最底層。拒絕投降戰至最後一息的索拉諾，被巴拉圭人奉為聖人，他國學者則斥其為暴君。時間推移，如今多數學者不再認為三聯盟之戰是索拉諾的擴張戰爭，而認為是阿根廷征服性質的戰爭。參見愛德華多·加萊亞諾《拉丁美洲：被切開的血管》（*Las Venas Abiertas de América Latina*）。

不但沒穿鞋，也沒穿襪子，甚至長滿凍瘡。到了入夜時分，他總算睡著。

霍韋爾‧佩拉爾塔寫過幾本書，一生都在為自由的巴拉圭奮戰。

後來，他過世了。

我人生最艱難的任務

1.

當時我想：

「你比我強。我知道你能扛住。你是個硬漢。我必須這麼做，我請求你幫助我。」

那個男人在山中經歷過兩場戰爭。他被擔架抬下來的時候，早已昏迷不醒，身上唯一的重物是那雙破爛、泥濘的靴子。他被吊在天花板上嚴刑拷打；因為知道他生病、血尿，他們便對準他的腰部猛踢。他沒有開口。過了一段時間，待他有力氣起身，他被關進監禁叛徒的牢房且被打爆頭。

「請幫助我。」我心想，「請幫助我失敗。」

他十四歲就參加革命。從此只為革命和一個女人而活。此刻，我得去催毀他其中一個信仰。

「該死的任務。」我心想。

牢房裡的他正在製作皮革錢包。他用賺來的錢請人買尼龍長統襪和鞋子給她。他有一個重達三十公斤的大皮箱，裡面裝滿打算回去時帶給她的新衣服，因為她到時會在火車站等他。

但是這個女人和另一個男人同居了。

黨組織決定告訴他，她已訴請離婚。他們希望搶在敵人之前第一個告訴他這個消息。敵人可能利用這個狀態削弱他的意志，讓他感覺孤立無援。

我找了個藉口走進牢房，我的任務是告訴他這個消息。

2.

「所以她和別人住在一起了。」他回答我。

「不，不是這樣。」我對他說，「但是她想……萬一發生什麼……她希望是自由身。她有這個權利。已經過了很久，不知道還要多少年才能……她有權利。你不覺得她有這個權利嗎？她這麼做是很合理的。」

「所以她和別人住在一起了。」他又說了一遍。

他是個寡言的男人。

「要是她沒有跟別人住在一起，為什麼想離婚？那個傢伙，怎麼樣？他們有孩子了嗎？」

3.

過了一陣子他交給我一封卷在香菸裡的信，希望交到他母親手上。我對信件內容向來不會太過慎重。信裡寫道：

媽：

妳實在太傻，竟被那個蕩婦騙了。我從一開始就知道她最終一定會鬧出這樣的麻煩。告訴她，我不希望她回頭又哭著來找我。

我想請妳去收拾我的家當，什麼都別留下。把獎牌、衣物、鞋子都帶走。我收到孩子們的照片。孩子們妳也帶走。現在她已經沒有任何權利了，她最好也不要拒絕。

讓內格羅（Negro）去聖羅莎（Santa Rita），在主要道路面對醫院的地方，緊鄰公車站牌旁就是阿馬利婭（Amalia）的住處，如果找不到，可以問中國人。她一頭黑髮，戴著瓷釉花手鐲，

是我為她訂製的禮物。請內格羅告訴阿馬利婭，要她有心理準
備，很久之後，我才會回去。

也告訴克拉拉(Clara)，埃內斯托（Ernesto）的表妹，請她
等我。她住在恩拉馬達（Enramada）墓園後方，在一棵高大洋
槐旁。

代我向大家問好，祝福妳。

這件事發生在一些年前，發生在一處我不能洩露的所在。

布宜諾斯艾利斯，1975年10月：暴烈的榮耀之光

今天兩齒（El Bidente）來找我。他向我描述他如何逃出烏
拉圭，而我也跟上他最近的征途。他說，他很快就要前往達卡
（Dakar）[78] 探望孫子。

喚他兩齒是因為他只有兩顆牙齒，且這星期就滿四十歲

78　達卡：非洲塞內加爾共和國首都。

了。他提醒我：「人到四十，有可能是聖人，也可能是惡棍。然而，卻是純粹的。」

兩齒說故事的能力令人讚賞。我很嫉妒。他知道怎麼用幻想拯救自己，而且請他喝一杯總是沒錯。他就坐在你面前，然後帶你上路。

第二次世界大戰期間，他在斯特恩（Stern）將軍麾下，負責從華沙的下水道疏散猶太人。

解放後，他人在巴黎，並在此習得愛的奧祕。一個日本女人在狹長的床舖上為他揭示指尖與舌尖的祕密語言，教導他發掘痣、毛孔和耳骨的宇宙。

在巴黎，兩齒是柔道和空手道雙料冠軍。一名阿拉伯酋長簽下他，請他統領自己的傭兵。對抗共和國軍的戰爭漫長且艱困。兩齒和唯一倖存的士兵舉步維艱地穿越沙漠。日日夜夜，他們分擔飢渴、分享希望：他們沉默前行越過沙丘，一起大笑，一起號哭。他們無法聊天，因為聽不懂對方的語言。在一次驚險的橫越之後，他們抵達麥加。那天晚上，致敬晚宴在麥加的希爾頓酒店舉行。他們沐浴、修整髮鬚、換上乾淨的長袍。阿拉伯人敬酒，口譯員翻譯。阿拉伯人說，他從未見過如此勇敢的人，並要求他在當晚占有自己。

在亞馬遜河流域，兩齒和博羅羅印第安人（Los Indios

Bororos）[79] 一起生活了兩年。並通過成為戰士的九項考驗。最難的是讓螞蟻爬上塗滿蜂蜜的身體。部落接納他成為部族的孩子。他沒有和任何一個印第安女人做愛。一旦他做了，就得永遠留下：沒人能從這個村莊逃走。周圍的叢林裡，兩齒曾一一細數過，共有八千頭美洲豹。

在馬瑙斯（Manaos）[80]，一位北美人類學家僱用他。他們乘獨木舟遊歷。她是個動人的金髮美女。兩齒為她的裸背抹過海龜油以驅趕蚊蟲。經歷數次沉船和埋伏之後，他們終於抵達一個沙萬特人（Xavante）村莊[81]，部落酋長卻向他提議：

「我用我的女兒交換她。」

「她不是我妻子。」兩齒解釋道。

「傻瓜，」酋長說，「那你不是更賺？」

兩齒便是在這條河流上來來去去。

有一次，他筋疲力盡的來到上欣古（El Alto Xingu）[82] 一片

79　博羅羅印第安人：生活在巴西西部巴拉圭河（Paraguai）上游及其支流地區的印第安民族。

80　馬瑙斯：巴西西北部亞馬遜州（Amazonas）首府。

81　沙萬特人：巴西印第安民族。原居該國中南部托坎廷斯河（Tocantins）流域，19世紀40年代西遷至莫爾蒂斯河（Mortes）與阿拉瓜亞河（Araguaia）間熱帶草原高地。

82　上欣古：即欣古河（Xingu）上游。該河發源於馬托格羅梭高原（Mato Grosso），

印地安保留區。他在那裡遇見一名修士。修士給他一張吊床，好讓他睡在自己的棚屋裡。他們吃水果、喝烈酒。修士說了很多話。他告訴兩齒，自己如何剝削印第安人，用小幅的聖母畫像交換當地值錢的手工藝品。兩齒愈來愈懷疑修士，他意識到自己變成一個危險的證人。他佯裝喝得爛醉，睏得不住點頭。但是睡覺時，他把吊床的網拉得死緊，一有腳步靠近就會晃動。半夜，修士躡手躡腳接近，獵槍瞄準他。兩齒一躍而起，用印第安大刀砍下他的頭。

兩齒往下游去。在沿途的第一處警察局，他遇見警察塞烏・薩卡里亞斯（Seu Zacarías），也是他的老朋友。他告訴塞烏所發生的一切。塞烏・薩卡里亞斯走向獨木舟旁，揪起修士的頭髮，將整顆頭扔進河裡。

「食人魚會解決的。」他說，隨後請兩齒喝杯咖啡。

第二年，在哥倫比亞……

流經巴西北部，為亞馬遜河東南支流。

里約熱內盧，1975年10月：這天早上他離開家，再也沒有活著出現

1.

我們在月亮酒吧，喝啤酒，吃蟹餅。

我有一雙滑石粉白鞋，而朋友卻想說服我要先抹滑石粉再穿鞋。

那天下午一名記者在加萊諾‧德弗雷塔斯（Galeno de Freitas）的住處採訪我。她為這兩、三個小時的談話錄音，卻什麼都沒記錄下來。錄音帶裡只傳來持續的嗡嗡聲。澤‧費爾南多（Zé Fernando）於是提議寫一篇關於蜜蜂性生活的文章。

澤宣布下個週日在尼泰羅依（Niterói）[83]的住所舉辦宴會，屆時會有一大盤子巴西口味鱸魚。

我向店家點了更多的蟹餅，然後又點了更多：所有人都說我像一群食人魚。

那天晚上，我們隨便一件事便能大笑，在月亮酒吧裡，每

83　尼泰羅依：位於巴西東南部里約熱內盧州境內，臨大西洋的一座城市。

一件事都變得有趣；頓時，我們安靜了下來，因為一名大眼睛橄欖油膚色的女人現身店門口，她頭上繫著一塊紅色方巾，似是吉卜賽女郎。她只允許自己出現在瞬間，而在那一瞬間她是女神，隨即消失不見。

2.

阿里帶來消息的時候我們正在月亮酒吧。

「他被自殺了。」他說。

托雷斯（Torres）在電話裡告訴他的。來自聖保羅（San Pablo）的通知。

艾瑞克（Eric）站起身，面色蒼白，張嘴無言。我緊緊攫住他的手臂；他再次坐下來。我知道他和弗拉多（Vladimir）[84]約見面，弗拉多卻沒有出現，也沒有電話聯繫。

「但是他和所有事情都沒有任何關係。」艾瑞克說道。

「他們殺他正是因為他不知道。」加萊諾說。

「這機器瘋了，」我心想，或者我當下說出口，「他們應該

---

84 弗拉多：即弗拉基米爾·埃爾索格（Vladimir Herzog）。他是巴西編劇家、大學教授，其時任聖保羅文化電視台（TV Cultura）總編輯。

是把1917年10月革命的帳[85]算在他身上。」

艾瑞克說：

「我以為那件事已經結束了。」他把頭埋進手裡。「我……」他充滿怨氣。

「別這樣，艾瑞克。」我對他說。

「你不懂。」他說，「你什麼都不懂。你懂個屁！」

杯子空了，我要了更多啤酒，請他們把盤子也盛滿。

艾瑞克憤怒地盯著我看，然後走進洗手間。

我打開門，發現他倚著牆。一臉憔悴，雙眼泛淚，拳頭緊握。

「我以為已經結束了。我以為都已經結束了。」他說。

艾瑞克是弗拉多的朋友，他清楚弗拉多做過什麼，更知道還有多少他想做卻再也不能做的事。

85　弗拉基米爾‧埃爾索格隸屬於巴西共產黨（Partido Comunista Brasileiro，簡稱PCB），1917年俄國十月革命，是由工人階級推翻政府的社會主義革命，巴西部分人士受其激勵，於1922年成立巴西共產黨。

3.

不久前，艾瑞克的兒子出生。取名費利佩（Felipe）。

「二十年後，」他說，「我會告訴他現在這些事。我會告訴他那些死去的朋友、被關在牢裡的朋友，我會告訴他，我們這些國家的生活曾經多麼艱難，我希望他看著我的眼，完全不相信我，希望他說我騙人。唯一的證據是他當時在這裡，但是他什麼都不會記得。我希望他無法相信，怎麼可能會發生這些事。我希望他直說，這段日子未曾存在。」

4.

費利佩出生在9月4日凌晨五點半。艾瑞克致電給他在聖保羅最好的朋友。

「瑪爾塔（Marta）正在產房裡。我覺得孤獨。我感覺不太好。」

朋友回他，他半個小時內就到，卻又睡了過去，沒有出門。

艾瑞克走到街上，買了一份報紙。他用一張一百元面值的克魯塞羅付錢。

賣報紙的人說：「我沒有零錢找。」

艾瑞克舉起手，指著婦產醫院說：

「看到了嗎？我太太正在裡面生小孩。過來跟我喝杯啤酒。你就用要找我的錢請客。」

5.

費利佩在搖籃裡，艾瑞克正對他說話。

「你知道嗎？我對汽油的事向來很遲鈍。今天我又沒油了。下次我們路過加油站你得提醒我。」

他說：「你出生時一切都確定了。你有一個停不下來的父親，他永遠不會有錢。你爸爸的朋友都混得很慘。現在我們要去布宜諾斯艾利斯。原諒我，我覺得自己很不公平。我會帶你走，而你無法自行決定。」

他心想：

「要是明天他覺得這世界並沒有偏離正軌？要是他其實更想當一個股票經紀人的兒子呢？」

他抱起費利佩，來到露台，向他介紹露台上的花草：

「你看。這是四年來，我們種的第二株茉莉。第一株一朵花也沒開。這一株開了四朵。茉莉花開的時候，我人在外頭。我很遺憾沒能看見花開。我為茉莉除蟲，終於看到發芽了。現

在我得再等上一年。我必須離開，你懂嗎？沒有別的辦法。我得工作。」

在這處郊外，艾瑞克爬到樹上，好讓費利佩看看這是如何辦到的。

6.

弗拉多·埃爾索格沐浴、刮鬍子、親吻他的妻子。她並未起床目送他出門。

「沒什麼好擔心的。」他說，「我親自出席、親自說明，然後就回來了。」

當晚的新聞節目還是由他署名製作。然而人們收看夜間新聞時，他已經死了。

官方聲明他是上吊身亡。當局不准解剖驗屍。

弗拉多也沒有安葬在供自殺身亡者安眠的指定墓園。

聖保羅的公共安全長官聲明表示：「這是一場殘酷的戰爭，一場赤裸的戰爭，在這場戰爭裡，如果我們不想被擊潰，就有必要採取和敵人一樣的戰術。我們要在他們把我們當晚餐前，先把他們當早餐吃掉。」

7.

兄弟，你知道從你家窗口望見的里約破曉是什麼樣子嗎？明亮的天空自屋瓦後方升起，丘陵逐漸染上紫紅色。滿載雨水的雲散去。一隻鳥倏地飛過你身旁，猶如一記長鞭：象徵嶄新的一天。清新的空氣滿溢胸膛，你精神為之抖擻。你的家，我的家：大海在更遠之處，只是再也看不見了，因為那些該死的新大樓，但是我仍感覺得到它，大海的氣息、海浪的呼嘯，而我知道有一天，她將吞噬我並帶走我，是她，那片大海，一襲白衣的貪婪女神。

8.

我們到古老的拉馬斯（Lamas）酒館向它告別。不久後，它將被拆除，再也沒有可以呼吸到混雜著水果、菸草及逝去時光的香氣的場所。穿過成堆的橘子、香蕉、鳳梨、番石榴和百香果，我們走進拉馬斯。

我們沉默、悲傷地喝著啤酒，一杯接一杯。里約酒吧的常客卡納里尼奧（Canarinho）正在盡頭處的桌子上痛斥世界。

「我讀尼采。你們什麼都不懂。」他攻擊道。

　　他瘦瘦小小，獨自一人，酩酊大醉。每句話說完都會自胸膛發出哨音。小金絲雀的鳴叫[86]。

　　「我們不能停止談論。」他說著，又一聲哨音。

　　「我們會一直談論。他們以為能讓我們閉嘴？門兒都沒有！一群膽小鬼！」

　　卡納里尼奧又發出哨音。

　　「都太年輕了！他們討厭年輕人！」

　　又一聲哨音。

　　「聖保羅無法停止殺人。無法停止殺人。」

　　他再次發出哨音。

系統

　　五十萬烏拉圭人流亡海外。一百萬巴拉圭人，五十萬智利人。起航的船上擠滿越獄、逃離死亡和飢餓的年輕人。活著是

86　卡納里尼奧：卡納里尼奧在葡萄牙語中，字面上的意思即為小金絲雀。

一種危險；思考，是罪；有食物吃，是奇蹟。

但是，在自己國家邊界之內還有多少人被放逐？有什麼資料記錄了那些被判屈從、被判沉默的人？希望的罪行比人的罪行更深重吧？

獨裁是一系列惡名昭彰的模式：一台讓你變聾、變啞的機器，你無力聆聽、無力言說，一切被禁止觀看的，你都看不到。

在巴西，第一起折磨致死案件發生在1964年，當時可謂全國性醜聞。而第十名被折磨致死的人，僅僅是刊登在報紙上。到了第五十起，已被認定為「常態」。

機器教人接受恐怖，猶如接受冬天的寒冷。

布宜諾斯艾利斯，1975年11月：我喜歡感覺自由，如果想，就留下

1.

汗珠滾落下來，滴滴答答的落在散亂桌面上的紙張間。這張書桌簡直是豬圈。各種紙張前進，朝我湧來，向我包圍。我

應該回覆的信件混在未編輯的文章之間，還有一些尚未閱讀的
原稿。我的手在面前的紙堆裡搜尋、撥弄翻找。我找不到手帕，
反而出現幾根香菸。我站起身去借火。行走間，我的大腿內側
不住生疼。

紙堆裡露出一封信，是魯道夫·吉尼（Rodolfo Gini）的遺
孀瑪爾塔的來信。距離他被清洗已經一年的時間了。他是凌晨
從環戈冷（Huanguelén）的住所被抓走的，隨即被拋在五公里
外的道路上，滿身彈孔。從那時起，他的遺孀就不時寄來或帶
來他丈夫寫的文章以及任何她持續發現的遺物。於是，我和這
位素昧平生的男人成為朋友。他藉由留下的文字接近我。「一
個人能夠只愛河流卻不愛大海嗎？」他寫道，「上帝並不存在，
因為他不會死。所以上帝不認識你，也不愛你。」

吉尼是名教授。除了教導年輕人直接面對世間萬物外，他
並沒有犯下任何罪。

「每個晚上我都在想，這是最後一夜了。」瑪爾塔在信裡
寫道，「我不擔心自己，但是我擔心孩子們。」（吉尼被抓走的
晚上，她用牙齒鬆開塞在嘴裡的東西，扯斷綁住手腕的繩索，
在黑暗中尖叫、狂奔。）隔天，十歲的兒子看著耶穌受難像，
問她：

「媽媽，那些人進來的時候，祂在嗎？我以為，有祂在的

地方不會發生那樣的事。」

2.

　　胡安・赫爾曼（Juan Gelman）的信，寄自羅馬。他是《危機》雜誌的編輯，已被定罪多時，搭上一架飛機後，好不容易逃離[87]。他在信裡說：

　　過去這三個星期，我一直心悸，但我什麼也做不了。不是因為我有罪惡感──愚蠢的基督教罪惡感──而是因為我距離太遠，尤其是發生在那方的事傳到這裡時，其嚴重程度猶如敲打在橡膠牆面一樣。無法扼抑的憤怒與悲傷朝向我，最終導致心悸、無法呼吸。

　　原諒這份嚴肅態度。我已經忍受好一陣子無處發洩。寫信到布宜諾斯艾利斯太難。我不清楚是自我防禦作祟，抑或是極

87　胡安・赫爾曼：阿根廷記者、詩人，當代西班牙語詩歌重要人物，曾出版二十多
　　部詩集。1959至1964年任新華社駐布宜諾斯艾利斯記者。因受三A聯盟恐嚇，於
　　1975年赴羅馬。1976年軍事政變後長期流亡歐洲、美國。1988年，短暫歸國後定
　　居墨西哥。

力的想要迴避——不是迴避痛苦本身——而是迴避談論痛苦。
我知道一切都不好，我因而靈夢連連。

如你所知，愛對我而言總是太難。大部分時間我可以只是
做愛便已足夠。但我很清楚這是不夠的。我們身邊有很多人早
已失去愛人的能力，卻要有勇氣展現愛，包括其中所有的瑕
疵。如今，我認為這需要學習，就像生命中許多其他事情一樣。
我們將在學習中死去，若我們希望忽視死亡而繼續活下去。

我感覺像是看見了胡安，那天早上，他把一個用報紙包
覆、繫上細繩的包裹扔在我桌上。裡面是他的衣物及所有物
品。他對我說：

「我得搬家。不知道要搬去哪裡。我現在出去找。幫我顧
好這些。」

他轉過身，手已在門把上，又補上一句：

「不過在這之前，先說那個母雞的故事給我聽，因為我現
在很悲傷。」

那是帕科・埃斯皮諾拉（Paco Espinóla）[88]的故事。胡安早

88　帕科・埃斯皮諾拉：即法蘭西斯科・埃斯皮諾拉（Francisco Espínola），烏拉圭記
　　者、作家。曾創作小說、戲劇及兒童故事等。參與反抗獨裁的革命運動並因此入

就倒背如流，但是每次我重講一遍他還是笑到嗆住。帕科用殺死一隻拒絕他好意的好鬥母雞來恢復自身家族的尊嚴。

而此刻，我該怎麼幫助遠方的他？

我寫了一封滿紙玩笑的信給胡安。

胡安提到，愛對他而言很難，但他可以敞開胸膛接受，也可以為自己付出愛。他知道如何為女人寫信——「像麵包送入口中／像水滋潤大地／但願我能多少為妳所用。」他也懂得怎麼懇求她——「妳的雙腳行走在我的腳上，妳的雙腳／來到我的身體裡，如同樹上細枝裡本應有木。」[89]因為詩人胡安希望那個女人的身體是他唯一可以被擊敗的國度。

3.

我的手插入口袋。伸了伸腿。昏昏欲睡同時引來愉悅又疲憊的顫抖。我感覺到夜晚籠罩著城市。很晚了。我一個人。

我不該獨自一人留在這裡。我很清楚。只是今晚我還是一

獄。後期加入烏拉圭共產黨。

89　上述詩句分別出自胡安・赫爾曼所創作的詩〈乞求〉（Prego）和〈禱告〉（Oración）。

個人留下，我只是待著，什麼都不做或開啟想像或記憶的門扉。

懶懶地。我定坐在椅子上。或許只是太熱，也可能是我真的被困住了。

我聽見許多人在我腦裡吹著口哨，有的認識，有的陌生。無數張面孔、無數句話，在我體內穿梭交織。它們出現、放大、盤旋。我是那聆聽的耳朵，或是旋律本身呢？我並非觀看的眼睛：因為我就是畫面。

4.

電話一響，我便一躍而起。我看一眼手錶。晚上九點半。接不接電話？我接了。是三A聯盟的總指揮何塞‧魯西（José Rucci）。

「我們會殺了你們，婊子養的。」

「先生，接聽恐嚇電話的客服時間是六點到八點。」我回答道。

掛上電話，我為自己感到慶幸。我為自己感到驕傲。然而，我想起身卻辦不到：我的腿麻了。我試著點一根菸。

布宜諾斯艾利斯，1975年11月：他在爛泥裡醒來

　　大雨猛烈打在三角洲某處並驚醒了他。蒂格雷（El Tigre）三角洲是棕色的，他以為這是地獄裡的河流[90]。他跟跟蹌蹌在小島上遊蕩。而後走進一間酒吧，坐在爐火邊。店家為他送上紅酒，他喚一個女人到他的桌邊。一開始邀請她時，她是個金髮女郎；沒想到幾個小時過去，她的髮色漸漸改變，老了好幾歲。他緊緊攫住眼前女巫的那乾枯的手並告訴她，自己的兄弟死在蒙得維的亞，根本是愚蠢的死亡，當時他沒能去，如今也不可能去，然而，這並不是最糟的。最糟的是另一件事，他說道，可是她想走了，他卻不讓她走。最糟的是，他想不起來最後一次見到兄弟是什麼時候，也不記得聊了什麼，都不記得了。

　　埃米利奧·卡薩布蘭卡（Emilio Casablanca）如此向我描述，他想不起來這件事發生在昨天或是一年以前。眼前，我感覺看見他在索里亞諾（Soriano）街的酒吧裡，一個暴風雨的夜晚，他沿著牆壁擺放成排的紅酒酒瓶，隨後他一拳又一拳擊碎，之

90　蒂格雷：為布宜諾斯艾利斯東北方二十八公里處的城市，地處巴拉那三角洲。本　　文所提及的河流應指流經當地的蒂格雷河（Río Tigre），為三角洲諸多河道之一，　　也是雷孔基斯塔河（Reconquista）主要支流。

後很長一段時間，他無法作畫。

我們是在布宜諾斯艾利斯一處街角偶然相遇的。此刻，我們要一起吃點東西，明天再一起逛市集。我們會一起散步，因為天空有許多星星，明天一定是好天氣。

系統

那些蒙面人憑咳嗽聲相認。

他們花一個月的時間荼毒一個人，最後對苟言殘喘的他說：「弄錯人了。」待他被放出去時，早已丟了工作。身分證明也丟了。

一名教授可能因為朗讀或說出一句可疑的話而被革職；一旦遭到逮捕，就會失去工作，即便只是被關一個小時而且是抓錯人。

一名烏拉圭人在公眾典禮上唱國歌時，刻意唱出「暴君們，顫抖吧」這句歌詞，則會以犯下「攻擊武裝聯盟道義罪」而被判處十八個月至六年徒刑。在牆上塗寫「自由萬歲」或在街頭散發傳單的人會慘遭刑求，要是倖存，則將在監獄中度過

大半生。要是刑求致死，死亡證明上會載明他企圖逃跑，失足墜樓，或者自縊，或者突發哮喘。不會進行屍檢。

每個月都有新監獄落成。經濟學家稱之為「發展計畫」。

然而，那些看不見的牢籠呢？有哪一份官方報告或反對陣營的譴責中，曾羅列出被恐懼囚禁的人們？害怕失去工作、找不到工作；害怕言談、聆聽、閱讀。在這沉默國度，目光一閃都有可能落入集中營。根本沒必要開除公務員：只要讓他知道，他隨時都會被解雇，而且將來也不會有人僱用他。當每一位公民都變成自身言行的無情審查官，審查便真正取得全面勝利。

獨裁將軍營、警局、廢棄的車廂和船艙都變成監獄。既然如此，每個人的家，難道不也變成監獄了嗎？

系統

那天是卡爾（Karl）父親的生日。僅僅這一次，他被允許晚餐後留下來和大人們待在一起。他始終坐在角落裡，看著親朋好友喝酒聊天。起身之際，卡爾不慎撞到桌子，打翻一杯白

葡萄酒。

「沒關係的。」父親說道。

母親清掃了碎玻璃，用抹布擦乾地面。父親陪卡爾進臥室，並對他說：「等到十一點，客人都走了，看我怎麼揍你。」

那之後的兩個多小時，卡爾躺在床上聽著外面的聲音並倒數計時。

晚上十一點整，父親來了，抽出皮帶鞭打他。

「我這麼做是為你好，為了讓你學著點。」父親一如既往地這樣解釋，卡爾光著身子號哭，頭埋在枕頭裡。

幾年前，在蒙得維的亞，卡爾向我訴說這個發生在德國的童年過往。

布宜諾斯艾利斯，1975 年 12 月：交流

我蒐集柴火，並帶來自溪邊盛裝的水。

「大師，嚐嚐看。已經熟了。」

「嗯。」

「你喜歡，對吧？」

「棒極了，小兄弟。」

我們做了些香腸，毫不油膩且非常美味。里脊肉更是齒頰留香。然後，我們大啖起烤肋骨排，切下烤肉串上一小節一小節的骨頭，一口一口慢慢享用。我們不小心噎到，但是，是因為笑。

「小腸烤得有點乾，口感很脆。」

「我在串之前，先揉捏過。這可是祕訣。」

我們先醒酒——幾瓶卡爾卡松（Carcassone）紅酒——淺嚐幾口，感覺到酒溫柔細膩地滑進腹部及血管裡。

我們大快朵頤，暢飲一番，直到烤肉架上一根骨頭都不剩。愛德華多・米尼奧尼亞（Eduardo Mignogna）[91]用叉尖夾走最後一口。我像飢餓的狗一樣眼巴巴看著他，心想：「他會同情我的。」結果他完全不為所動，反而狼吞虎嚥的吃完。

一會兒，我們躺在草地上，太陽灑在臉上，整座小島都是我們的。我們抽起菸。沒有蚊子。微風吹得木麻黃沙沙作響。

---

91 愛德華多・米尼奧尼亞：阿根廷導演、編劇家和作家。1975年流亡西班牙，1981年歸國。影片皆自編自導，以《秋日之陽》（*Sol De Otoño*, 1996）、《燈塔》（*El Faro Del Sur*, 1998）和《消失》（*La Fuga*, 2001）三次獲西班牙哥雅獎（Goya Awards）的最佳西班牙語外國影片獎。

時不時能聽到遠處船槳拍水的聲音。

　　要是獨自一人烤肉，絕對無法像和愛德華多一起享用這麼有滋味。某種程度上，我們共同造就了酒肉的美味。我們又吃又喝，彷彿藉由齒頰，同時也藉由記憶在慶祝。我們之中任何一人都可能隨時中彈身亡，或是實在太過孤獨，以至於希望真能一槍斃命，但此刻，這些一點都不重要。

　　等我自午睡中醒來，愛德華多正坐在碼頭上，雙腳晃晃蕩蕩。夕陽的光線穿透坎巴多河的河水。

　　「有天晚上，我做了個夢，」他說，「我忘了跟你說。我夢見我們乘坐觀光遊艇到這裡。我們面對面坐在船尾聊天。旁邊沒有別人。其他乘客全在船頭的座位上，和我們有點距離。就在這時，我看向他們，注意到些許不尋常。他們動也不動，異常安靜，每個人都長得一模一樣。我對你說：『等我一下。』接著走向船的另一頭。我碰了碰其中一名乘客，砰的一聲，他倒在地上。他落在地上的同時，石膏頭當下掉落。我衝著你喊：『快跳，快跳下去！』自己也跳進水裡。我們在水面下潛泳。我探出頭，看見了你。我們再次潛進水裡，繼續拚命游。我們游得夠遠後，船正好爆炸了。我感覺到爆炸，便探出水面。我看見濃煙和火焰。你在我身邊。我擁抱你，然後就醒了。」

布宜諾斯艾利斯，1975年12月：交流

哈伊洛（Jairo）打電話給我。他昨天剛到阿雷格里港（Porto Alegre）[92]；將在布宜諾斯艾利斯停留幾天。他邀我一起吃晚飯。

我們五、六年沒見了。我當下感到措手不及，卻力圖鎮定。他的臉已變形，一隻眼半閉著，笑容完全扭曲。他的左手，是鉤狀的，不太活動：戴著手套抵禦夜晚的寒冷。

我們漫步在市中心，哈伊洛的身體搖搖晃晃，不自主地撞到我。他停下來，深呼吸。他苦於兩肋帶來的刺痛。他很緊張。邊走邊吐痰。

我什麼都沒問。有幾次他提到那場意外：「我出意外時」，或者，「自從那場意外」。

他告訴我自己的史學研究、他在葡萄牙發現激勵人心的檔案、帕爾馬里斯（Palmares）[93]小屋的生活型態、薩爾瓦多城

92　阿雷格里港：巴西南部工業大城，為五條河流域的匯集之處，因而成為重要交通要道。

93　帕爾馬里斯：應指巴西東部阿拉戈斯州（Alagoas）城市烏尼昂‧杜斯‧帕爾馬里斯（União dos Palmares）。17世紀時，這裡有巴西規模最大和組織最嚴密的逃亡黑奴聚落Quilombo dos Palmares。

（Ciudad del Salvador）[94]的奴隸起義；他解釋，他的論文是關於以奴隸制度為巴西歷史核心。

我們走進一家餐館。對話仍持續。哈伊洛曾深度研究過弗朗西亞獨裁時期的巴拉圭[95]。我們的觀點不同。關於上世紀阿根廷蒙托內羅（Montoneros）們的考迪羅們[96]，我們也持不同意

94 薩爾瓦多城：巴西東部巴伊亞州（Bahia）首府和港口，該國第三大城市。殖民時期的非洲奴隸貿易主要中心。

95 弗朗西亞即何塞・加斯帕爾・羅德里格斯・德・弗朗西亞（José Gaspar Rodríguez de Francia），神學博士、律師，巴拉圭獨立運動和自治革命領袖。1813至1816年先後被選舉為輪職執政官（Cónsul）、任期五年的最高獨裁者（Dictador Supremo）、終身最高獨裁者（Dictador Perpetuo）。以法國大革命思想為原則，在國內實行旨在摧毀教會和貴族特權、促進社會平等的改革，最重要的是，他將絕大多數土地收歸國有，建立國家牧場，國家直接管理或以極少費用租給農民。對外則實行鎖國政策，嚴格限制國際貿易。這在當時激怒了外國商人和政府，為他帶來至今清除不盡的毀謗。這是基於巴拉圭地理環境所採取的政策。他目睹巴拉圭處於不利的地理位置而鄰國懷有擴張野心，他寧願放棄對外貿易所能帶來的財富，最大限度地維護政治和經濟獨立自主。為此，他也極力避免捲入鄰國糾紛和不明智的結盟。鎖國政策帶來免於干擾，且巴拉圭追求糧食自給自足、經濟多樣化發展。他在執政後半期也展開對外貿易，但以執照制度和國家積極參與為前提，促使外國利益不滲入，外債、國外貸款及規定的利息率也不阻礙巴拉圭經濟發展。鄰國由於內外戰爭陷入混亂之際，巴拉圭則在他領導下享受了二十多年未被打擾的和平、社會平等、經濟繁榮，並未出現拉丁美洲其他國家普遍存在的新殖民主義的依附性。詳見愛德華多・加萊亞諾所著《拉丁美洲：被切開的血管》。

96 蒙托內羅：是蒙托內拉（montonera）的成員。蒙托內拉是對考迪羅所領導的非正規武裝的稱呼，通常由高喬人、僱工等組成，可立刻上戰場。尤其指阿根廷內戰中，對抗布宜諾斯艾利斯中央集權的地方考迪羅武裝。

見。

　但這不是他真正想說的。我一直感覺到還有另一道聲音，另一首旋律。

　我們點了更多的酒。

　終於，他對我說起那個女人。那段熾烈的愛。他告訴我，有天晚上，她撞見他和另一個女人在一起。兩個星期之後，哈伊洛請求她的原諒。她什麼都沒說。他親吻她、愛撫她。她問他：

　「你想和我做愛嗎？」

　接著她又說：

　「如果你想，你得付我錢。」

　他坐下來，盯著她。

　「多少錢？」他問道。

　「三千克魯塞羅。」她答道。

　他慢慢填寫支票。簽名吹乾後，遞給她。

　她收好支票，說：

　「等等，我下去買包菸。」

　留下他獨自一人。他衝破窗玻璃跳了下去。最後，他四肢張開的躺在人行道上。她的公寓位於三樓。

　過後，他們有一段時間沒見面。再遇見時，他拄著拐杖，他們咒罵彼此、擁抱彼此。

我又要來一瓶酒。

「我累了，不想繼續說謊了。」哈伊洛對我說，「所有人都在問我發生了什麼，我說是車禍。我說，我在路上開車，然後……最近我甚至連細節也能詳述了。」

布宜諾斯艾利斯，1975年12月：交流

路易士・薩比尼（Luis Sabini），《危機》的產品經理，失蹤了。

我們指望他被監禁，警方卻是否認。菲科（Fico）[97]和阿尼巴爾（Aníbal）四處找遍了。如今已超過一個多星期，我們沒有任何進一步的消息。

偶爾晚上下班，路易士會留下來和我聊聊他的父親，他父

---

[97] 菲科：即費德里科・沃哥勒斯（Federico Vogelius），為《危機》雜誌主管、出資者和創辦人。1977年被阿根廷軍政府逮捕，之後流亡倫敦。1985年歸國後致力於復興《危機》。他離世的1986年4月，以印行第四十一期為標誌，《危機》開啟了第二個歷史時期。

親當年從帕爾馬（Parma）一處僅百來戶人家和一座教堂的小村莊來到蒙得維的亞。

路易士還小的時候，他們在蒙得維的亞家中釀製紅酒。他們會光腳踩碎葡萄，而未發酵的原汁總是淹到他們的大腿。所有人都被蒸汽熏醉。依據月相決定何時把橡木桶中的酒裝瓶。

每種酒都有名字。烈性桃紅的是「吻我看看」（Bésame）；佐餐酒是「瘋狂黑」（Negro loco）；而「加諾利諾」（Grugnolino）[98]則太過濃稠，以致湯匙甚至會黏在其中。

他搭乘一列空火車進入新年

阿列爾（Ariel）[99]從一個過世不久的智利人住所離開。這個人在遠離故土的地方身故。

98　加諾利諾：以同名葡萄品種而釀製的紅酒。該葡萄品種原產義大利西北部皮埃蒙特地區（Piedmonte）。

99　阿列爾：即弗拉迪米羅‧阿列爾‧多爾夫曼‧澤利科維奇（Vladimiro Ariel Dorfman Zelicovich），猶太裔智利美國學者、小說家、戲劇家。1967年取得智利國籍。1970至1973年擔任薩爾瓦多‧阿言德總統的文化顧問。期間與阿爾芒‧馬特拉

再過一會兒，天空將泛起灰色宣告1976年第一天的到來。
阿列爾也在遠離故土之地，法國的下一個破曉對他而言不具任
何意義。他的家鄉是另一個時間，智利時間。智利那方的桌邊
會擺放幾張空椅，倖存的人們舉起酒杯，剛開始慶祝該死的一
年過去。

阿列爾·多爾夫曼沿著巴黎這個僻靜郊區的街道緩緩漫步。

他鑽進火車站。他聽見自己腳步的回聲，在空蕩的車廂裡
尋找另一個人類。

他找到唯一一名乘客。在那人對面坐下。

阿列爾從口袋裡抽出小說《小丑》（*The Clown*）讀了起來。

火車啟動，過沒多久，對面的男人開口說話：

「我想做個小丑。」他用英語表達，望向黑色的窗戶。

阿列爾並未自書頁中抬頭，僅以英語回應道：

「這必定是個悲傷的職業。」

「是的，」男人說，「反正我很悲傷。」

（Armand Mattelart）合著批判美國文化的《如何閱讀唐老鴨》（*Para leer al Pato Donald*）。軍事政變後流亡歐洲和美國。2004年取得美國國籍。作品眾多，最知名者為戲劇《死神與少女》（*La muerte y la doncella*），1994年羅曼·波蘭斯基（Roman Polanski）改拍為電影上映。

於是，他們對視。

「我很悲傷。你很悲傷。」阿列爾說道。

男人說，他們可以組成完美的小丑搭擋。阿列爾問，屬於哪個馬戲團。

男人說：「隨便哪個。我的國家隨便哪個馬戲團。」

「你是哪個國家？」

「巴西。」

「見鬼！那我可以跟你說西班牙語！」

於是，他們談論起各自遺失的故鄉，火車緩緩駛進巴黎。

「我很悲傷，」男人說，「因為我希望我們能贏，但是打從心底我不覺得會贏。」

最後，他們揚起拳頭，互道再見。

布宜諾斯艾利斯，1976年1月：音樂入門

1.

胡立歐（Juilo）在我的住處。他必須離開蒙得維的亞。他

已經七次被捕，他必須離開了。他沒有錢，心情鬱悶；他找不到工作。

這天晚上，我們享用了他料理的香煎牛小排和沙拉，並搭配紅酒。

胡立歐躺在床上抽菸。我很想聽他說話、很想幫他，而他卻一言不發，不願分享任何痛苦。我是個愚蠢的影子。當我觸碰事情，並無法驚醒它們：它們只是從我手中墜落。

我挑選了一張義大利巴洛克風格的唱片。我不知道什麼時候買的，也不知道和誰一起買的；我不記得自己曾經聽過。

阿爾比諾尼（Albinoni）[100] 來得恰到好處。

我們一起讚頌這旋律，一起哼唱；屋裡突然充滿福音。

2.

我想起帕科・埃斯皮諾拉的故事。

我彷彿還聽得見帕科的聲音：低沉、粗啞、乾澀，未點燃的菸叼在嘴裡，在一群圍著營火席地而坐的人之間或在酒館裡

---

100 阿爾比諾尼：即義大利巴洛克作曲家托馬索・阿爾比諾尼（Tomaso Albinoni）。

直到天明。聖荷西郊外有名巫醫，黑人老頭、不識字，帕科自小就認識他。那個男人坐在翁布樹下問診。他戴著老花眼鏡以醫生的眼睛檢視病人，還會假裝閱讀報紙。

全村的人都尊敬、愛戴他。他和真正的巫醫一樣，懂得用藥草和神祕儀式治病救人。

有天下午，來了一個悲慘的女病人。她面色慘白，瘦骨嶙峋；她沒有食欲，無法言語，幾乎也沒有力氣走路。

黑巫醫打了一個手勢，病人的父母和兄弟走近樹下。

他，坐著，沉思；他們，立定不動，等待。

終於，他喊：「家人們。」

他診斷說道：

「這個女孩魂魄全散。」

接著，他開了藥方：

「必須用音樂凝聚靈魂。」

一個寒冷噬骨的灰色早晨

1973年7月底的一個清晨，我乘坐蒸汽船從布宜諾斯艾利

斯渡河來到蒙得維的亞。

我站在船頭。目不轉睛地直視薄霧中正緩緩靠近的城市。

我還不知道，我的故土已經遭遇兩場不幸重創。帕科‧埃斯皮諾拉身亡，軍人們發動政變，解散了所有政黨、工會和其他一切[101]。

我看不見光，也走不了超過三步

軍事政變前不久，我在一次旅途短暫歸來時，得知警察已前往我在蒙得維的亞的住處搜索過。

我孤身現身警局，走進警局門口時，我感到恐懼。大門砰的一聲在我背後關上，猶如一道陷阱。恐懼在我體內持續了一個小時，然後離開我的身體。還能發生什麼比死亡更糟的事呢？反正這也不會是死亡第一次造訪。

我站在警局中庭，面朝牆壁。樓上是刑訊室。囚犯在我後

101 指1973年6月27日的軍事政變。帕科‧埃斯皮諾拉當晚死於政變。此後軍事獨裁在烏拉圭持續了十二年。

面來來去去，在中庭裡被拖來拖去。有的被打到支離破碎地回來，而後扔進牢裡。半夜警報聲響起。我聽著嘈雜人聲、辱罵嘶吼，一群獵犬撲向獵物的興奮噪動。警察在清晨回來。

我被帶上車之後過了幾天，他們把我轉到另一處，並關進囚室。

我在牆上刻上我的名字。

夜裡總是聽見尖叫聲。

我開始覺得，需要與人交談。我和一隻老鼠交朋友。我不知道自己會被關幾天還是幾年，慢慢地，失去計算時間的能力。最後只關了幾天。我的運氣向來不錯。

被釋放的那天晚上，我在警衛的押送下走過長長的通道，一路聽見遠處竊竊私語的聲音、金屬碰撞的嘈雜。此時，囚犯們吹起口哨，輕輕地，像風拂過牆壁。口哨聲愈來愈大聲，直到所有人的哨音匯聚，驟然成歌。歌聲撼動高牆。

我一路走回家。夜晚熾熱平靜。蒙得維的亞入秋了。我聽說一個星期前，畢卡索去世了。

一段時間過後，流亡開始了。

布宜諾斯艾利斯，1976年1月：重遇

1.

　　克莉絲蒂娜（Cristina）向我描述她的驅魔儀式。她把自己單獨關在家中，經過四天四夜，她召喚活著的人、死去的人以及被遺忘的人。她說，她安頓所有人。她咒罵其中一些人；而有些，則是她第一次對他們說愛。

　　有人開門並拿橘子給她。隨後，門再次關上。

　　夜晚降臨，她唱起歌：

　　「你又高又瘦……」

　　樓上傳來一個聲音請求道：「再唱一遍。」

　　她又唱了一遍。

　　那個聲音說：「謝謝。」

　　每天晚上，那個聲音都請她唱這首歌，她從未見過那個聲音的主人。

2.

　　她對我說：

「我有好幾個晚上沒有夢見機器了。自從我見過你以後。知道嗎？有時，我害怕睡著。我知道我會夢見這個，我很害怕。我也害怕樓梯上的腳步聲。他們來的時候我醒著。我從沒告訴過你。我聽著他們的腳步，希望牆壁突然打開，我心想：我要從窗戶跳下去。但是，我卻讓他們帶走我。

「『妳說，還是不說？』他們對我說。

「我沒什麼可說的。

「『剃光她！』

「他們在我的嘴裡啟動高壓電棒直到牙齒鬆動。這裡，這裡，還有這裡。但在澡盆裡更慘。知道嗎？我再也不要下水游泳。我無法忍受在水裡失去空氣的感覺。

「他們扒掉我的頭巾。

「『小伙子們說妳很火辣，』他們的主事者說，『我會讓他們享受點樂趣。』

「進來一個男人，全身赤裸。撲到我身上開始使力。我望著發生的一切，彷彿是發生在別人身上。旁邊的收音機裡，我記得，帕利托．奧爾特加（Palito Ortiga）正在唱歌。我對他說：

「『你真可悲。你連用力都不行。』

「他打了我好幾拳。

「又進來一個。一個大胖子。他脫掉格紋上衣和汗衫。

「『妳看起來太倉狂。我不會放過妳的。』

「他脫光衣服，撲了上來。咬我的脖子和乳房。我在很遠的地方，感覺到冰冷的氣息從毛孔裡散發出來。

「然後主事者又來了，他大為光火。把我踢翻在地。坐在我身上，把左輪手槍的槍管伸進我兩腿之間。

「然後，他咒罵我『婊子』，因為我沒有哭。」

系統

譴責一個獨裁政權的罪刑並不僅止於被折磨、被暗殺、被失蹤的名單。機器教會你自私和謊言。團結是罪。若想自救，機器教你讓自己變得偽善、卑鄙。今晚親吻你的人，明天會出賣你。每個高喬式[102]的義行皆衍生出一次報復。一旦說出自己的想法，他們便擊潰你，沒人值得冒險。哪個失業的工人不暗

---

102 高喬人（gaucho）：18、19世紀時生活在潘帕斯、大查科（Gran Chaco）、巴塔哥尼亞（Patagonia）等地區的草原騎手，以勇猛善騎著稱。主要為歐洲人和印第安人混血後裔，獵捕野生牛馬或為牧場主放牧為生。曾參與獨立戰爭。

自希冀工廠開除別人，好填補那人的空缺？你的鄰居難道不是競爭者、不是敵人？不久前，在蒙得維的亞，一個小男孩求自己的母親帶他回醫院，因為他不想出世。

沒流一滴血，甚至沒流一滴淚，每個人心中最美好的部分每天都被屠殺。機器的勝利：人們恐懼說話，恐懼對視。希望不要再遇上任何人。有人盯著你時，你便惴想：「他想害我。」經理對曾是朋友的員工說：

「我得告發你。他們要名單。我得給個名字。原諒我，如果你能原諒。」

每三十個烏拉圭人，就有一個負責監視、追捕、迫害他人。除了軍隊和警察局，再無其他工作；而且無論如何，若想保住工作，你必須有警察出具的民主信仰證明。學生被要求檢舉同窗，孩子則被慫恿告發老師。

在阿根廷，電視節目提問：「你知道你的孩子此刻在做什麼嗎？」

為什麼犯罪紀錄上，未列出毒害靈魂的謀殺罪？

布宜諾斯艾利斯，1976年1月：文學入門

我和愛德華多以及我的孩子們共度幾天。我書寫悲傷的事。一天晚上，我拿給愛德華多看。他扮了個鬼臉，將稿子推到一旁。

「你沒有這個權利。」他說。

我生氣了。

「為什麼沒有？」

於是愛德華多告訴我，星期五那天，他到住處街角的熟食店買火腿和蒜味香腸。熟食店老闆娘胖胖的，在切片、打包、算錢、收錢中度日；她獨自經營這門生意，每天晚上關上鐵卷門後，她總感覺腰腿劇痛。愛德華多排隊等候、點單、付錢。這時候，他留意到收銀機的抽屜底下有一本翻開的書，熟食店老闆娘每天工作時，會瞟上幾眼。那是我寫的書。

「我看過好幾遍了，」老闆娘說，「我看這本書是因為我得到很多。知道嗎？我是烏拉圭人。」

眼前愛德華多告訴我：「你沒有這個權利。」說著便把我這幾天寫出來的那些可悲的，也許有點懦弱的文章推到一邊。

布宜諾斯艾利斯，1976年1月：面對這樣的美，沒人能做任何事

傍晚，我坐在樂音咖啡館裡。

剛從卡拉卡斯來到這裡的中國人馮向我展示幾張和壁畫有關的照片，以及幾幅他重現達文西、梵古和馬蒂斯筆下面孔及主題的畫作。他向我展示他最新的畫作和絹印作品，同時提起他籌備中的畫展。

中國人說：「展覽主題是關於從波提切利（Botticelli）的〈春〉（La Primavera）[103] 觀看美洲史。」

我看著他。

「你懂嗎？所有的掠奪與殺戮都藉由這個女人來表達。因為這個赤裸的女人就是美洲。明白嗎？」

他又說：

「當我看見蒙娜・麗莎，我看見她變老。我可以讓她淪為娼妓，我能為她創造另一個記憶。但是波提切利筆下的這個女人則完全相反。如果我讓她變老，她就不存在了。我把她的雙

---

103 〈春〉：波提切利於1482年繪製完成的蛋彩畫作，內容以歌頌愛神維納斯的長詩為主題，為其代表作之一。

手、眼睛、一隻腳分離開來，也無濟於事：我無論如何就是無法傷害她。」

我想起征服者眼中驚豔的美洲。

「查理五世（Carlos V）[104]不過是歷史的一瞬間，他奈何不了她。」中國人說，「泰迪・羅斯福也不能把美洲怎麼樣。現在那些人也不能。」

「所有人都在追逐她，」中國人笑了，「而第一個走進她的人──哥倫布──到死都不知道自己曾經走進她。」

從鑰匙孔窺看世界

弗雷迪（Freddy）說：

「我每天都幫他準備寫字用的塑膠黏土條。他不用紙筆，而是在塑膠黏土條上雕刻符號。我讀不出他書寫的內容。他寫的不能用眼睛讀，要用手指。

---

104 即神聖羅馬帝國皇帝查理五世、西班牙國王查理一世（1516, 1556年在位）。他以繼承、戰爭及開拓美洲殖民地開啟了西班牙日不落帝國時代。

「我向他學習如何感覺一片樹葉。我不會。他便教我。他跟我說，『閉上眼睛。』他耐心指引我用手指感受樹葉的脈絡。因為從未有這樣的經驗，我花了不少時間學習。現在我喜歡輕撫樹葉，手指滑過光滑的葉片，感覺到葉片下的細毛，以及葉片中血管一般的葉脈。

「有一天，有人帶了一隻剛出生的小獅子來學校。沒有人可以碰牠。他們只允許他撫摸。後來，我央求他：

「『你摸到牠了，可以跟我形容小獅子摸起來是什麼感覺嗎？』

「他說：『熱熱的。軟軟的。』

「他又求我：『那你能看見牠，牠長什麼樣？』

「我說，牠是金黃色的。

「『金黃色？金黃色是什麼樣，弗雷迪？』

「『像溫暖的陽光。』我對他說。」

基多（Quito），1976年2月：第一夜

我第一千次打開檯燈。旅館裡所有的東西都對我虎視眈

眈。我在被單裡翻來覆去，頭埋進熱烘烘的枕頭。我的身體沒留任何空間給確定的事，無論是多小的事。

直到破曉時分，我總算睡著。

悠長的電話鈴聲驚醒了我。我抓起聽筒，聽筒卻從我手裡掉下去。聽筒彼端跑出許多單字，最後，它們總算找到我的耳朵。

那道聲音說：「歡迎！基多城歡迎您！昨天我才知道，我對自己說：我一定要致電向您表達我們的滿足和驕傲……」

「先生，」我問道，或者說懇求道，「先生，現在幾點了？」

那道聲音得意揚揚地說：「早上七點整！我代表基多城……」

聽筒懸在床頭桌上。

我試著繼續睡。聽筒被電話線拽著來回搖擺，發出嗡嗡的雜音。沒用的。我把臉移近。詞語慢慢滑過。

「先生，我在睡覺。」我喃喃地說。

「啊！」那邊的聲音恍然大悟，「我們各自國家的習俗多麼不同啊！但是我們因同樣的美洲召喚而團結在一起！我這就寄一部我的作品給您，您一定能從中感受到震顫……」

我把電話扔在地上，蓋上枕頭和一床毛毯。翻身上床繼續睡。

敲門聲猛然將我從回籠覺中敲醒。

　　我起床，全身赤裸，昏昏沉沉的開門，模模糊糊的辨識出門口站著一名服務生，他把一只信封交到我手上後立刻跑走。

　　我倚著關上的門滑到地面上。頭昏腦脹。我揉揉眼睛。信封裡有幾份厄瓜多童子軍訓練指南的油印複本。作者將所有指南都題獻詞給我。

　　我鑽進浴室。打開蓮蓬頭。不知道在裡面沖了多久。

　　擦乾全身時，我想起要把電話拿起來，聽筒復歸原位。

　　緊接著電話就響了。我接起來。同一道聲音問我有沒有收到包裹，是否已經抽空閱讀他的作品。我跟他說我覺得實在太了不起了。

　　我對他說：「我不想用純粹的文學評論觀點冒犯您。這樣的作品不應該被當作一般書籍或文宣品。他們可是用來建設我們偉大祖國的基石！」

基多，1976年2月：一場大學演講

　　今天我們來談談所謂的文化異化。

　　此時此刻，這個國家一切圍繞著石油打轉。香蕉時代已經結束；有承諾說十年內厄瓜多會得到像委內瑞拉一樣多的收益。這個無比窮困的國家陷入對百萬財富的痴狂，而且得意忘形。一切皆已暈眩。在學校、醫院和工廠到來前，彩色電視機便已先進駐。很快的，自動打蠟機出現在泥地屋裡，而用煤油燈照明的小村莊則有電冰箱。六千名文科學生中，僅兩名接受石油技術專業訓練：大學裡允許任何幻想，現實卻不容許。

　　這個國家突然走進文明，或者說，突然走進大量生產口味、顏色、氣味及文字和想法的世界，在這世界裡，「自由」是一所監獄的名字，一如在烏拉圭，「尊嚴殖民地」是一所地下刑訊室的名字，一如在智利[105]。良知匱乏的模式比計畫生育更見成效。謊言機器、削弱機器、毒害機器；傳媒數量倍增，

105 自由監獄距蒙得維的亞約五十公里，官方稱為一號軍事拘禁營（Establecimiento Militar de Reclusión N1），也稱自由鎮刑罰所（Penal de Libertad），因毗鄰自由鎮而得名。20世紀70至80年代，烏拉圭軍事獨裁時期政治犯主要關押地之一。尊嚴殖民地為智利中部利納雷斯省（Linares）小村莊維拉巴伐利亞（Villa Baviera）舊稱，當地在20世紀60年代初至90年代末為尊嚴慈善和教育社團（Sociedad Benefactora y Educacional Dignidad）盤踞，故得名。該社團由第二次世界大戰期間犯有罪行的德國流亡納粹分子創建和領導，為一融合浸禮會教義及反共思想的宗教組織，對成員實施嚴密控制，以防禦設施和武器阻隔外界目光。這一位於聖地牙哥南約三百四十公里的與世隔絕的小村莊，在皮諾切特軍事獨裁時期被用為刑訊中心，關押祕密警察送來的囚犯，據信某些居民曾參與暴行。

並佐以暴力和番茄醬散播西方基督教民主。不需要會讀會寫，透過收音機或電視便能接收教導你接受強人統治的每日訊息，或是接收將人性與汽車、尊嚴與香菸、幸福與香腸混為一談的資訊。

今天，我們也要談談拉丁美洲虛假抗議文化的重要性。現今已開發國家出現一系列對美國和歐洲60年代青少年反叛的偶像崇拜及象徵。各種令人迷惑的設計服飾打著「解放自己！」的旗幟大賣，跨國企業向第三世界傾倒的音樂、海報、髮型和服飾盡皆複製吸毒所產生的幻覺美學範例。我們的國家是富饒的。對那些想逃離地獄的年輕人而言，這裡為他們提供通往靈薄獄（Limbo）[106]的車票；新世代獲邀拋下令人疼痛的歷史，航向涅槃。一場麻痺的探險活動：現實毫髮未損，形象已然改變，他們將獲得沒有痛苦的愛情和沒有戰爭的和平。

我們今天在這裡談談所有和這些有關的，以及其他。

---

106 靈薄獄：天主教神學所謂天堂和地獄的邊緣地帶，罪不至落入地獄而無資格上天堂者（如未受洗便亡故的嬰兒）靈魂的居地。

埃斯梅拉達斯（Esmeraldas）[107]，1976年2月：你從不記得自己何時出生？

1.

他們邀請我前往海岸演講。

我從高原來到海邊。在埃斯梅拉達斯，他們用吉他和烈酒迎接我。那是另一個世界：皮膚黝黑的男人、潮濕熾熱的土地、走路時猶如跳著舞的女人。

第二天晚上，我在海灘迷路。我想爬上那座山丘，於是我穿過灌木叢沿著乾枯的河床前行。再回來時，四周一片漆黑，眼前一個人也沒有。

我高聲呼喊我的朋友，卻只聽聞大海的喧囂。我在沙灘上漫無目的地走著，沒帶衣服也沒有現金。兇猛的蚊蟲在我身上飽餐一頓。我已厭倦手掌不時拍打身體。我全然不知身在何處。偶爾我叫嚷著，希望得到回應，然後我繼續往前走。

我脫掉泳衣，走進海裡。海水溫暖且在月光下閃閃發亮。

---

107 埃斯梅拉達斯：厄瓜多西北濱海城市。

從水裡出來後，我覺得冷，便在沙灘上連跑帶跳，揮舞拳頭。蚊蟲依舊一刻也不願放過我。我很餓，肚子不時咕嚕作響。

我找來木柴升火。正當我忙著升火之際，樹後面出現一個人。是一個男孩，他錯過開往埃斯梅拉達斯的末班公車。他懷疑地看著我，卻被蚊蟲逼得只好走近火堆。我請他抽菸。然後，他坦承自己很怕狼狗、猴蛛、螃蟹和鯊魚。

2.

就在我快要睡著之際，我聽見朋友們的聲音。

我們叫醒一名小屋裡的中國廚師。我們收買他，他便招待我們啤酒以及一大盤淋上令人難忘的紅色醬汁的蝦。

朋友們整個下午都在找我。這時，我才得知，我迷路的地方人稱自殺岩。

我們在小木屋裡睡了一晚。

3.

醒來後，陽光正點燃藍色群山。我感覺到海沙自腳趾間滑過。每一粒海沙都是活的，我皮膚上的每個毛孔也都是活的。

在我體內，美妙的音樂油然而生。

基多，1976年2月：美洲歷史入門

　　那個地方有兩處毗鄰的印地安部落。他們依靠山羊和土地
能給的一點收成度日。他們在一座山坡上耕種梯田，山的另一
頭通向靠近基多的一座異常美麗的湖泊。兩處部落名稱一樣，
且彼此憎惡。

　　部落之間有一座教堂。神父幾乎要餓死了。一天晚上，他
埋葬了一尊木頭聖母像，並在上面撒鹽。第二天早上，綿羊掘
土，奇蹟童貞聖母竟現身。

　　聖母像上覆滿祭品。兩處部落各自帶來食物、衣物及飾
品。一方的男人祈求另一方的人猝死，一到夜晚，便刺殺對方，
並強調：「這是奇蹟童貞聖母所願。」

　　每個承諾都是一場復仇，就這樣，這兩處皆稱之為普卡拉
（Pucará）的部落在彼此手中滅絕。神父發了橫財。聖母像腳下
有各種物品、收成和牲畜。

　　緊接著，一家跨國連鎖酒店花一把硬幣便買下這塊無人之

地。

　湖邊蓋起一座旅遊中心。

基多，1976年2月：好意

　亞歷杭德拉・阿杜姆（Alejandra Adoum）說，瑪加麗塔（Margarita）曾在卡尼亞爾（Cañar）[108]待過一段時間。

　在那些高地上，印第安人仍穿著黑衣為阿塔瓦爾帕（Atahualpa）[109]服喪。整個部落分享一塊不毛之地上少得可憐的收成。

　沒有報紙；反正也沒人識字。也沒有收音機，反正所有電台說的盡是征服者的語言。那麼，怎麼讓所有小村莊清楚部落間發生的事呢？每個小村莊派兩、三名表演者跑遍整個地區：

---

108 卡尼亞爾：厄瓜多中南部省分，境內有該國最重要的印加遺跡印加皮爾卡（Ingapirca）。
109 阿塔瓦爾帕：印加帝國末代皇帝（約1527-1533年在位）。他被法蘭西斯科・皮薩羅（Francisco Pizarro）所率領的西班牙征服者俘虜，後者在勒索了二十四噸金銀珠寶後將他絞死。

他們透過表演傳達訊息及問題。在講述發生什麼事的同時，也一併介紹他們是誰：

「他們奪走我們的太陽和月亮。他們帶來其他的神。我們聽不懂他們說的話；他們卻因此殺了我們。」

瑪加麗塔去卡尼亞爾不是為了教授戲劇，而是去學習和援助。

幾個月過去了。瑪加麗塔忍受寒冷及思鄉之情。

部落首領叫金迪（Quindi），他把手放在瑪加麗塔的肩膀，說道：

「瑪加拉，妳太過悲傷。真是如此的話，妳最好離開。苦痛，我們已經承受夠多了。」

系統

在瓜地馬拉和智利，每一百個活著出生的嬰兒裡，有八個夭折。在巴西，最富裕城市聖保羅市郊的貧民區也是如此。是意外或謀殺？罪犯掌握監獄的鑰匙。這是無須扣動扳機的暴力，對犯罪小說毫無參考價值。這些案例出現在資料裡時，不

過是冰冷的統計數據。真實的戰爭並非全是些大場面，要知道子彈射出時的火光同時導致多人變瞎變聾。

智利的食物比美國貴；最低工資卻只達美國的十分之一。四分之一的智利人沒有任何收入，單憑乞討度日。聖地牙哥的計程車司機不再向遊客購買美金：如今，他們為遊客提供年輕女孩，而她們用做愛換來一頓餐飽。

最近二十年，烏拉圭鞋業銷量下跌百分之八十。而近七年來，蒙得維的亞的牛奶銷量則少了一半。

有多少人身陷需求的牢獄？一個為了活下去而追求工作和食物的人，必須遭到譴責嗎？有多少人從他們降生於世發出第一聲啼哭的那天起，額頭上便已標記命運？有多少人被陽光和鹽拒絕？

基多，1976年2月：她不能停下，直到他們倒下

這個女人目睹自己最好的朋友死去。

軍事政變過後幾天，他們占領了智利聖地牙哥郊區的一家工廠。他們在此等待與之對抗的武器。

酷刑幾乎將他大卸八塊，但是他仍堅稱自己不認識她。

他們把他拖到她面前，沿途留下一條血路。他繼續否認。她聽見獄警下令處決他。他被扔到牆邊，一名警察稍微閃開並遲疑了一下。倏地，他執起步槍，瞄準，親眼目睹他的頭爆開。

緊接著，那名警察一聲慘叫，猛然扔下步槍衝出去，可惜他沒能跑遠。獄警朝他腰際一陣掃射，他當下斷成兩截。

基多，1976年2月：我點火，然後召喚

1.

晚上，在伊萬・埃圭斯（Iván Egüez）[110]住處，我聊起羅克・達爾頓（Roque Dalton）[111]。

---

110 伊萬・埃圭斯：厄瓜多小說家、詩人。代表作有《利納雷斯女郎》（*La Linares*）、《記憶是一隻鳥》（*Pájara la memoria*）等。
111 羅克・達爾頓：薩爾瓦多詩人、政治行動家。二十二歲加入薩爾瓦多共產黨，投身反抗獨裁運動，最後卻為同黨人士處死。在監禁、越獄和流亡構成生活主旋律的年代，創作出《酒館與其他地方》（*Taberna y otros lugares*）、《地下詩篇》

羅克是個一刻也靜不下來的活寶。此刻，他正在我的記憶裡狂奔。死亡是怎麼抓到他的？

他本來要被處決，沒想到行刑日前四天，政府垮台。另一次要被處決前，地震竟震裂監獄圍牆，他於是逃了出來。他全身刺滿自己的小國薩爾瓦多，藉此隨身帶著她，這小國的每一任獨裁者也拿他沒轍。這傢伙太常嘲弄死神，祂總算報復成功。死神以叛國罪置他於死：祂在他最意想不到的地方朝他射擊。好幾個月以來，沒有意識到發生什麼事。真的發生了？還是沒發生？發生了。電報機向世界傳輸死訊時並未顫抖：這個既非生於巴黎也非生於紐約的詩人被謀殺身亡。

他是我們之中最樂天的人，也是長相最醜陋的。有些醜的人至少能辯駁：「我很醜，但至少我對稱。」他連這句話都開不了口。他的臉是歪的。他狡辯說，他出生時不是這樣的。一開始，是踢足球時，因為一次可疑的罰球，一塊磚塊打中他的鼻梁。然後，一塊石頭打中他的右眼。不久，一個疑神疑鬼的丈夫將玻璃瓶丟向他。後來，薩爾瓦多軍隊由於理解他的馬列

（*Poemas clandestinos*）等十餘部詩集。他後期糅合真摯情感和政治經驗的詩歌，被認為是拉丁美洲最優秀的詩作。

主義熱情而猛踹他。接著，在布拉格小城區（Malá Strana）[112]的街角，他突然遭到莫名棒擊，一幫惡棍將他打倒在地，造成上頜骨雙重斷裂和腦震盪。最後他就成了現在的樣子。

幾年後，在一場軍事演習中，羅克帶著一桿裝有刺刀的步槍奔跑，忽地他掉進一口洞裡。洞裡等著他的，是一頭大母豬和一窩剛出生的小豬。於是，這頭母豬徹底毀了羅克最後的一點長相。

1970年7月，他向我描述母豬這段故事，我笑到岔氣，他還向我展示了一本漫畫，內容刊載著名的銀幕神槍手達爾頓兄弟（Les Dalton）的豐功偉績[113]，他們可是他的先人。

羅克的詩和他的人一樣：深情、嘲弄、好戰。他多的是勇氣，用不著刻意提起。

就這樣，我聊起羅克，在這個夜晚把他帶進伊萬的住處。在場無人認識他。有關係嗎？伊萬手邊有一本《酒館與其他地方》，很久以前我在蒙得維的亞的住處也有一本。我快速翻閱那

---

112 小城區：布拉格市中心一區，位於伏爾塔瓦河（Vltava）西岸、布拉格城堡（Pražský hrad）以南。該城最古老的區域之一。

113 達爾頓兄弟是1890至1892年活動於美國堪薩斯州的四人匪幫，專事搶劫賭場、銀行和火車。因其中三人為兄弟，故名。這段西部軼事後成為許多電影、漫畫的靈感來源。

書癮PLUS

【閱書無數 嗜書成癮】

這個書系是一個平台,計畫邀請文學創作者,將他們各自喜愛、也從中受益的書,以兼顧個人化與普及性的角度,介紹給讀者。

我們這時代的「最強大腦」,最用功的讀書人,二十多年閱讀長河中,淘金之金粒篩選下來的精華書單。——駱以軍

首波強打——————童偉格・房慧真 聯合選書・專文導讀

《非軍事區之北:北韓社會與人民的日常生活》

North of the DMZ: Essays on Daily Life in North Korea——安德烈・蘭科夫(Andrei Lankov)著

《愛與戰爭的日日夜夜》

Días y noches de amor y de guerra——愛德華多・加萊亞諾(Eduardo Galeano)著

非軍事區之北

安德烈·蘭科夫——著　陳湘陽·范堯寬——譯

ESSAYS
ON DAILY LIFE
IN
NORTH KOREA

北韓社會與人民的日常生活

Book describes the difficult but determined existence
that North Koreans have created for themselves in the
face of oppression.

售價
NT$520

NORTH OF THE DMZ ★

ANDREI LANKOV

我想展開一個閱讀計畫，關於那些曾經當過記者的作家，例如歐威爾、海明威、奈波爾、史坦貝克，在中南美洲更多了，有馬奎斯、尤薩，還有這本書的作者加萊亞諾。台灣新聞每下愈況，記者士氣低落。藉由閱讀名家的作品，我想告訴大家，他們也曾是記者，記者不但必須讀很多書，有一支好筆，悲天憫人的心腸，有時還必須付出生命。————房慧真

在《愛與戰爭的日日夜夜》裡，加萊亞諾以靜默的希望，註釋著各自困厄的同行者們。在寫作這本具總結意義的書時，加萊亞諾，同時為自己找到了寫作的新起點。從流亡客居、直到重返故土，直到再之後更長久的時光，他將藉助本書所創造的，一種獨具風格的片段化書寫，將拉丁美洲的集體歷史與個人感知，悲喜同存地，織錦成一次又一次重新的觀看。————童偉格

今晚，有多少人會從家裡被蠻橫的抓走，背後布滿彈孔的被丟進荒地？
又有多少人會被斷手斷腳、被砲彈襲擊、被火焚燒？

這個國家，每天都有未經審判的人被殺。殺戮在無聲處瘋狂進行！每一次致死的原因一再的消逝，直到最後徒留在靈魂裡的，僅剩驚恐及不確定的迷霧。

這是一本充滿血淚的記憶之書，也是一本讓人不忍直視的殘酷之書。

生於烏拉圭的加萊亞諾，流亡於阿根廷、厄瓜多爾等國，以記者身分親臨拉丁美洲政府鎮壓農民、以非常手段取得土地的現場；跟過瓜地馬拉的年輕人組成的游擊隊；與獨裁者面對面握手；目睹窮人置身於深淵的生活……

本書出版於1978年，記錄並重新審視拉丁美洲的歷史，精準敘說令人震顫的歷史恐怖之下，始終暗湧著對親人、愛人、戰友……的溫柔，充滿優美而感傷的文學性，被視為加萊亞諾文學風格成熟時期的奠基之作。

=作者=
愛德華多‧加萊亞諾（Eduardo Galeano，1940-2015）
烏拉圭文學大師。生於蒙得維的亞，十四歲時發表政治漫畫，二十歲起先後擔任過記者、編輯、主編。曾被軍政府逮捕入獄，後長期流亡。1985年才回到祖國。因其犀利透徹、充滿良知的寫作，被譽為「拉丁美洲的聲音」。
2009年美洲高峰會上，委內瑞拉前總統查維茲（Hugo Chavez）將加萊亞諾代表作《拉丁美洲：被切開的血管》送給時任美國總統歐巴馬（Barack Obama），引發全世界媒體關注。2015年4月13日，因病去世，烏拉圭舉國哀悼。著有《拉丁美洲：被切開的血管》（*Las Venas Abiertas de América Latina*）、《女人》（*Mujeres*）、《鏡子：一部被隱藏的世界史》（*Espejos:Una Historia Casi Universal*）、《歲月的孩子：366個故事》（*Los hijos de los días*）、《擁抱之書》（*El libro de los abrazos*）。

【尤薩(Mario Vargas Llosa)特別推薦】

《短暫的一生》Novelas de Santa María

胡安·卡洛斯·奧內蒂(Juan Carlos Onetti)／著　葉淑吟／譯

《短暫的一生》是奧內蒂最嘔心瀝血的創作，是拉丁美洲文學最野心勃勃的小說，其大膽實驗和原創性，可媲美二十世紀最優秀說故事高手的作品。——馬利歐·巴爾加斯·尤薩(Mario Vargas Llosa)

胡安·卡洛斯·奧內蒂，烏拉圭作家。曾任編輯、路透社記者、執政黨機關刊物《行動報》社長、首都蒙得維的亞圖書館館長和國家喜劇藝術院藝術指導。1980年獲塞萬提斯獎。

【契訶夫畢生至為自豪的作品；索忍尼辛在本書啟發下，寫出了煌煌巨著《古拉格群島》】

《薩哈林旅行記》The Island of Sakhalin

契訶夫（Anton Pavlovich Chekhov）／著　鄢定嘉／譯

《薩哈林旅行記》的薩哈林島(即庫頁島)，俄羅斯把它當作是罪犯無法逃脫的天然監獄，十九世紀六〇年代起，成千上萬的政治犯和刑事犯被流放到這裡，從事苦役勞動。1890年7月到9月，契訶夫隻身一人，先坐火車，後騎馬、乘船，來到這個政治犯流放地進行實地考察。島上地獄般的慘狀和西伯利亞的貧窮給契訶夫留下了深刻的印象，使他對黑暗的現實有了更進一步的認識，寫下了偉大的經典非虛構作品《薩哈林旅行記》和中篇小說《第六病房》。

契訶夫，俄國文學大師，十九世紀末俄國現實主義文學流派的傑出代表，文筆洗鍊犀利，敘事幽默諷刺，栩栩如生。與法國的莫泊桑、美國的歐·亨利並稱為「世界三大短篇小說巨匠」。

【諾貝爾文學獎得主二十年文學評論精選】

《內心活動》 *Inner Workings: Literary Essays 2000-2005* ⋯⋯⋯⋯⋯⋯

柯慈（John Maxwell Coetzee）／著　黃燦然／譯

本書精選2003年諾貝爾文學獎得主柯慈寫於2000年至2005年間的二十篇文學評論。柯慈在此深入討論了薩繆爾‧貝克特（Samuel Beckett）、賈西亞‧馬奎斯（Gabriel García Márquez）、菲利普‧羅斯（Philip Roth）等多位二十世紀文學大師及其作品。每一篇文章都富於深刻的見解和敏銳的洞察力。平實而精準的寫作，為讀者打開一扇得以欣賞那些不朽著作的文學之窗。

柯慈，出生於南非開普敦市。1960年代移居英國，後赴美國。曾獲多項文學獎，包括：南非最著名的中央新聞社文學獎(三次)、布克獎(兩次)、法國費米娜外國小說獎、耶路撒冷獎、拉南文學獎、愛爾蘭時報國際小說獎、英聯邦文學獎和諾貝爾文學獎（2003）。

【諾貝爾文學獎得主經典散文集】

《小於一》 *Less Than One* ⋯⋯⋯⋯⋯⋯⋯⋯⋯⋯⋯⋯⋯⋯⋯⋯⋯⋯⋯⋯

約瑟夫‧布羅茨基（Joseph Brodsky）／著　黃燦然／譯

《小於一》是約瑟夫‧布羅茨基的第一部散文集，獲1986年美國國家書評獎。收錄布羅茨基評論詩歌與詩學最卓越的散文作品，展現了他對文學、政治和歷史等各領域的全面興趣。這些散文是對歷史和當今時代的深刻沉思。

約瑟夫‧布羅茨基，俄裔美籍著名詩人、散文家。1964年受蘇聯政府當局審訊，因「社會寄生蟲」罪獲刑五年，並被流放至西伯利亞。1972年被蘇聯政府當局強制遣送離境，隨後前往美國定居。1986年榮獲美國國家書評獎，1987年榮獲諾貝爾文學獎，1991年獲選「美國桂冠詩人」。

照片攝影／汪正翔

房慧真　　　駱以軍　　　童偉格

選書導讀

童偉格

1977年生，台北藝術大學戲劇碩士，現任台北藝術大學戲劇學系專任講師。曾獲台灣文學獎長篇小說金典獎。著有長篇小說《西北雨》、《無傷時代》，短篇小說集《王考》，散文集《童話故事》，舞台劇本《小事》。編有《九歌104年小說選》。合著有短篇小說集《字母會》系列。

房慧真

1974年生，台大中文系博士班肄業。目前為非營利媒體《報導者》資深記者，深耕公共議題報導，曾獲台達能源與氣候特別獎。著有散文集《單向街》、《小塵埃》、《河流》；人物訪談集《像我這樣的一個記者》；深度報導寫作《煙囪之島：我們與石化共存的兩萬個日子》(合著)。〈草莓與灰燼——加害者的日常〉獲2016年度散文獎。

本書，想找出一首關於出生在美洲的幸運及美麗的詩，卻遍尋不著，也許是出於我自己的想像，不過他有可能真的寫過這首詩。

　　伊萬知道布拉格的烏弗萊卡小酒館（Ufleka）[114]，他高聲朗讀一首詩。路易士朗讀一首愛情紀事長詩。詩集在大家手中傳遞。我則挑選了一首談及霍亂突然降臨的美的詩作。

2.

　　每個人都依自己希望的方式步入死亡。有人靜悄悄的躡足走進；有人不斷退縮；有人祈求寬恕或許可。有人大聲爭論或要求解釋，有人出拳相向並出言詛咒為自己尋找出路。有人擁抱死亡。有人閉上眼睛，有人哭泣。而我一直覺得，羅克是高聲大笑的面對死亡。我懷疑這是否真有可能。被曾經是同伴的人殺害所帶來的痛苦，是否更是劇烈？

　　此際門鈴響了。是溫貝托・比努埃薩（Humberto

---

114 烏弗萊卡小酒館：位於布拉格新城區（Nové Město），其歷史可追溯到1499年。羅克・達爾頓流亡期間曾在布拉格任通訊員，他此時期的所見所聞皆反映在《酒館與其他地方》中；他以這部詩集獲得美洲之家文學獎。

Vinueza)[115]，他從阿古斯丁・奎瓦（Agustín Cueva）[116]的住處前來。伊萬一開門，在還沒有人解釋或提問之下，溫貝托便開口：「派系鬥爭。」

「什麼？怎麼說？」

「那些殺了羅克・達爾頓的人。阿古斯丁告訴我的。墨西哥的報紙說……」

溫貝托在我們中間坐下。

所有人沉默不語，聽著雨水敲打窗戶。

河的第三岸

一個吉普賽女人曾提醒吉馬良斯・羅薩（Guimaráes Rosa）[117]：「你會在實現自己最大的野心之後死去。」

---

115 溫貝托・比努埃薩：厄瓜多詩人。
116 阿古斯丁・奎瓦：厄瓜多文學評論家、社會學家。著有《拉丁美洲資本主義發展史》（*El desarrollo del capitalismo en América Latina*）等。
117 吉馬良斯・羅薩：20世紀巴西最重要的小說家之一。寫作中引入巴西東北腹地（sertão nordestino）口語、方言，並運用自造語彙，創造出獨特的敘事風格。代

怪事：這男人身上有那麼多神明魔鬼，也是最拘謹的紳士。而他最大的野心是成為巴西文學院院士。

每次入選，他無不製造各種藉口推遲。這些年裡，他用過的藉口有健康、天氣、旅行等。

直到有一天，他覺得時候到了。

那是一場莊重的典禮，吉馬良斯·羅薩在演講中說：「人不會死。人只是被咒語控制。」

三天後，一個星期日的正午，他的妻子彌撒歸來後，發現他已身亡。

我欠他幾個故事，雖然他並不知情，而我打算還他

我並不認識尊敬的阿萊霍·卡本迪爾（Alejo Carpentier）[118]。

表作有《薩加拉納》（*Sagarana*）、《舞蹈團》（*Corpo de Baile*）、《故事集》（*Primeiras Estórias*）等。以《廣闊的腹地：條條小路》（*Grande Sertão: Veredas*）最為人所知，有巴西《尤利西斯》（*Ulysses*）之謂。本篇〈河的第三岸〉取自其《故事集》第二篇標題。

118 阿萊霍·卡本迪爾：古巴作家、音樂評論、記者。魔幻現實主義先驅。《塵世王

總有一天，我一定去見他。我要告訴他：

「尊敬的阿萊霍，我想您一定沒聽說過明哥・費雷拉（Mingo Ferreira）。他是我的同胞，畫風優雅且有內涵。多年來，他和我一起在各家報紙、雜誌和書本上合作文字及插畫。他就在我身旁工作，但我對他所知道不多。他很少開口。他透過繪畫表達，而非言語。他來自塔誇倫博（Tacuarembó）[119]，鞋匠的兒子；世代貧窮。」

我要告訴他：

「在蒙得維的亞，他幾次入獄，遭棍棒痛毆。有一次，我想他大概被關了將近一年，出獄後，他告訴我，監禁他的地方允許高聲朗讀。那是一處骯髒的屋舍，囚犯人滿為患，周圍盡是步槍，所有人動彈不得，甚至連小便都有難度。每天都有一個囚犯站起來為大家朗讀。

「我想告訴您，尊敬的阿萊霍，囚犯們想朗讀《光明世紀》卻不可得。警衛准許囚犯帶這本書進去，可惜囚犯們讀不下

國》（*El Reino de Este Mundo*）、《消逝的足跡》（*Los Pasos Perdidos*）、《時間之戰》（*Guerra del Tiempo*）、《光明世紀》（*El Siglo de las Luces*）等傑作以華麗的巴洛克風格聞名。

119 塔誇倫博：烏拉圭中北部同名省首府。

去。阿萊霍，囚犯們幾次朗讀內文，又不得不放下。您讓他們感覺到雨水、嗅聞到大地強烈的馥郁芬芳。您帶他們去到海邊，感受海浪的喧囂在大船的龍骨上破浪。您向他們展示破曉時分天空的脈搏。所有這些，迫使他們無法繼續往下唸。」

我要告訴他：

「也許您還記得密爾頓・羅伯茨（Milton Roberts）。就是為《危機》採訪過您的那個身材魁梧、目光清澈小伙子。我記得他約莫是1973年年中前往巴黎，我委託他採訪您。您記得嗎？密爾頓前往巴黎是為了就醫，因為有幾名法國醫生對他的病況最為了解。可惜已經無法醫治。於是，他回到布宜諾斯艾利斯，不久便臥床不起。那是漫長的折磨。他整個人腫了起來，他漸漸無法言語。在病況擴散到喉嚨之前，密爾頓曾幾次對我談起那次的專訪。他從頭到尾向我述說一遍。他記得所有細節，一字不差。他談起您猶如他一輩子的朋友。他跟我說起您對音樂和文學的愛、您和海盜以及獨裁者的故事，一個又一個的故事，關於兩三個世紀以前的風俗及惡習的細節。他說的同時，眼神不覺亮了起來；我記憶中的他依舊是那樣的神情。

「他過世之後，他的伴侶克勞迪內（Claudine）在他留下的文件中翻找那次專訪的筆記，她反覆翻找，卻一無所獲。根本沒有這些筆記。」

我要告訴尊敬的阿萊霍‧卡本迪爾：

「我要告訴您這些事，阿萊霍，將它們全留給您，因為它們是屬於您的。」

關於痛苦的儀式

1.

老頭是個頑固的傢伙。他抗拒愛。他幫助我很多。二十歲那年，我認識他。時光流逝。我經常探望他，帶我寫的文章給他。他總是一臉嘲弄且毫不客氣的批評；而我則盡可能的討他歡心。

幾年前，有次我順道前往市政廳找他。老頭在那裡有份工作，一份不太真實的工作：他負責幾間不存在的圖書館。同事是一群公務員老婦，一個比一個醜，整天不停談論錢和孩子。我走近櫃檯等待。整座後宮就在眼前。她們啜飲瑪黛茶配餅乾。終於一個女人走了過來。我說我找老頭。

「不……」女人說道，摘下眼鏡，用手帕擦拭起鏡片。

「不⋯⋯」她說，「他沒來。他很久沒來了。」

「出什麼事嗎？」我問道，「他生病了嗎？」

她挑挑眉，一臉同情。對著光檢查鏡片。

「可憐的傢伙⋯⋯」她說，「可憐的傢伙。」

接著又補充一句，說：

「知道嗎？他不是這個世界的人。」

2.

我找到他時，他已癱在床上。他這個樣子已經很長一段時間了。那一次，在蒙得維的亞，我記得他床頭擺放著一只玻璃蒸餾器，這組由導管、蛇形管和曲頸瓶組成的複雜機械，是他從維也納帶回來的。這組設備的功能是節省老頭自行倒酒的氣力。他只要稍微移動手臂：蒸餾器輕壓閥門，便會斟滿紅酒。有人形容，他這叫作擠酒。

那段時期，老頭不起床也不吃飯。他安排好自己一點點死去。

「我現在寫文章一陣一陣的。再也沒有那種整夜寫到天明的動力了。」

他喝的是那種會導致尿液呈現紫色的劣質紅酒，而且得大

量吞服藥品才能一夜好眠。不過有時他保持清醒，他管這叫失眠。床四周的犯罪小說堆得像座垃圾山，他便藉著床頭燈閱讀這些書。床頭掛著福克納（William Cuthbert Faulkner）像，主持這場關於痛苦的儀式。

那天我擅自拉開窗簾、打開窗戶，突如其來的光線差點要了他的命。我們胡鬧了好一陣子，我提議為他抓幾隻蝙蝠來，讓這裡的氣氛更完整。他抱怨又熱又冷又太亮的同時，我說了很多他愛聽的笑話和政治八卦，最後總算讓他笑了出來。我們一如既往地爭論，以他那種遲緩、了無生氣的風格爭論：為什麼我不認為人類曾經也永遠一文不值，或者為什麼他邀請我陪他遊一趟絕望之井底部時，我不願加入。我不能冒險：如果我讓自己掉入井底，我會永遠留下。我無法愛撫死亡卻不進入。

我知道這不是玩笑。當時、現在我都知道，因為我了解他，我能讀出老頭瘦骨嶙峋的身體裡住滿魔鬼，他們騷擾他、綁住他，用匕首插住他，看看他能否用紅酒和菸填滿自己的身體、眼睛死盯著天花板上潮濕的斑點的同時，讓魔鬼也暈眩。睡覺，也許還做夢，是一種休戰。寫作，在他嘗試創作的同時，是另一種休兵，或許也是唯一被允許的勝利。所以，他挺直身子寫作，毀滅並轉換體內的魔鬼成為黃金，而他是國王。

3.

有時他忘了自己是一頭豪豬。他會對我說：

「小時候，我在黑海盜（Corsario Negro）的隊裡。當時還有一隊是山多坎（Sandokán）的以及其他隊。但是我一直在黑海盜的隊裡。」

「奧諾拉塔（Honorata）的男朋友。我認識的。」

「他愛上一個金髮女人，我認識那個女人，那是一場不可能的愛情。」

「你弄錯了。那是蒙普拉森（Mompracem）的老虎。」

「是黑海盜啦，傻子。黑海盜瘋狂愛上那個金髮女人。我當然知道，因為我人在隊裡。」

「她們很危險。」

「誰？」

「金髮女人。」

「那個金髮女人是奧諾拉塔，跟山多坎完全沒關係。你搞混了。山多坎在馬來西亞活動，黑海盜主要在加勒比海。」

「奧諾拉塔很愛黑海盜。」

「是的，她愛他。但別忘了馬拉開波（Maracaibo）[120]的長官，你以為事情就是相愛那麼簡單？可憐的黑海盜。他愛上的可是

他致命敵人的姪女。」

「最終就是死路一條。」

「他想死還早著呢,那個渾帳!」

「我是說奧諾拉塔。不是那個長官。那個長官身體一團糟,但就是不死。記得嗎?他得了痛風,腿伸直墊在凳子上,腦裡仍冒著壞念頭。他沒死。奧諾拉塔死了。」

「你是想說,她被殺了。」

「她叔叔手下的兵殺的。」

「對,趁她逃出去時。」

「用火槍射殺的。」

「她從陽台上跳下去,黑海盜在底下接住她。馬在橋上等著。」

「子彈是衝著他去的,但是她用身體擋住。在那裡站崗的士兵出現時,她張開了手臂⋯⋯」

「子彈穿過胸膛,從這裡進去的,就這裡。」

---

120 馬拉開波:委內瑞拉西北部蘇利亞州(Zulia)首府,位於連通委內瑞拉灣與馬拉開波湖水道西岸,是該國大海港。17世紀時,航經馬拉開波的船隻是海盜的重要目標。

「還要再低一點。是從肩胛骨穿過去的。」[121]

「告訴我，你去過馬拉開波嗎？」

「去過。」

「說說看。」

「有很多高樓，都安裝了空調，湖裡淨是鑽油井。」

「笨蛋。你什麼都沒看見。你不知道馬拉開波街上有太多鬼魂橫行，人根本沒辦法走路嗎？」

4.

1973年年中，老頭獲邀擔任小說大賽的評委並渡河而來。一天晚上，他請我吃飯。他和一個女人一起來。我們三人在布宜諾斯艾利斯的市中心走了幾個街區，當地人稱此區為「城區」。他走起路來很是費勁，輕易便感覺疲憊。過程辛苦，但他堅持走路，而且他看起來心情也很好，很久以前，他曾在這座城市住過幾年，儘管他說許多路以及地方，他都認不得了。

我們去了拉瓦列街（Lavalle）上的一家啤酒屋。老頭點了

---

121 以上內容，是義大利作家埃米利奧・薩爾加里（Emilio Salgari）所著海盜系列小說中的情節，其中主角包括山多坎和黑海盜。

幾樣開胃菜，便擱下餐具。他沉默。我吃食。她說話。

突然，老頭問她：

「妳不想去廁所嗎？」

她說不想。

我吃完香腸配俄式沙拉。我請來服務生，又點了煙熏豬肋排配迷你馬鈴薯和三杯生啤酒。

老頭又問：

「但是，妳確定不想上廁所嗎？」

「是的，沒錯，我確定，」女人說，「不用擔心。」

沒一會兒，他又來了。

「妳的臉泛油光，」他對她說，「妳最好去廁所撲點粉底。」

她從錢包裡掏出小鏡子。

「沒泛油光啊。」她一臉意外說道。

「但我覺得妳絕對很想去廁所。」老頭堅持道，「我覺得妳想去廁所。」

這時她忍不住脫口而出：

「如果你想單獨和你的朋友在一起，跟我直說。如果我打擾到你，你可以直說，我會走。」

她站起身，我也站了起來。我按住她的肩膀，請她坐下用完餐點。我對她說：

「我們來點個甜點。妳不要⋯⋯」

「如果他想要我走，我就走。」

她啜泣了起來。

「妳不能不吃甜點就離開。他其實不希望妳走。他想要妳留下。」

老頭無動於衷，直瞅著金色窗簾。

那是我一生中最痛苦的甜點。他一口都沒動。她只舔了一小匙冰淇淋。而我則是滿肚子水果沙拉。

最後，她站起來，哭著告別離開。老頭動也不動。

他又沉默了一會兒。他微微點頭，並接過咖啡。

我試著說些什麼，隨便什麼，他只是無聲地表示贊同。他眉頭深鎖，目光裡淨是我熟悉的無盡悲傷。

「總是親手搞砸一切。」他總算開口，「你知道我為什麼希望她去一下廁所嗎？我是想跟你說，我覺得很幸福。我想跟你說，我從來沒有像這幾天和她在一起那樣，感覺這麼好。我想說，我覺得自己像一匹年輕的馬⋯⋯」

他搖了搖頭，又說：

「總是親手搞砸一切。」

深諳沉默的人

胡安‧魯佛（Juan Rulfo）[122] 能在幾頁篇幅裡便交代完他要說的話，只留骨肉，沒有多餘的油脂，而後他繼續保持沉默。

1974年在布宜諾斯艾利斯，魯佛告訴我，因為在公部門的工作量太大，以致他沒時間如願寫作。為了有多餘的閒暇，他必須請假，因而需要醫生開立的就醫證明。魯佛解釋道，一個人總不能去看醫生，然後說：「我感覺非常悲傷。」醫生並不會為這種事開立證明的。

基多，1976年3月：最後一夜

電話響了。該離開了。我們睡不到幾分鐘，卻很清醒。

我們做愛、吃東西、喝酒，我們拿被單當桌布、腿當桌子

---

122 胡安‧魯佛：墨西哥當代作家，被喻為魔幻寫實文學之父。他為人處世低調，著作不多。但於1955年出版《佩德羅‧巴拉莫》（*Pedro Paramo*）一書，便奠定了其文學地位，該作品更被視為「拉丁美洲魔幻寫實文學巔峰傑作」。

用，然後我們又做愛。

她告訴我，智利的苦痛。她告訴我，在看過同伴那麼有生氣之後，再面對他們的死亡實在太艱難。她才剛倖免於難，而現在，她自問要拿這自由和倖存的生命如何是好。

我們抵達機場時已經遲了。飛機也延誤。我們吃了三頓早餐。

我們才認識半天。

我徑直走向飛機，沒有回頭。跑道被藍色的火山岩環繞。我為自己身體的激情及渴望感到震撼。

從鑰匙孔窺看世界

莫妮卡（Mónica）小時候不願晚上出門，因為不想踩到可憐的蝸牛。而且，她害怕卡車在道路上留下的血跡，害怕自己在雜草叢生的荒野迷路。

莫妮卡愛上麵包店老闆的兒子，他是個無賴，所有的母親都憎恨他。進教室前，所有人都在唱國歌，她乘機偷瞄他。此時隊伍散開，她砰的一聲撞上阿蒂加斯（Artigas）[123]的半身銅像。

少女時期的莫妮卡希望成為卡巴萊（Cabaret）[124]舞女。她希望屁股上戴著彩色羽毛走路，感覺自己像鳥一樣飛翔並犯罪。

她一直沒能成為舞女。

多年以後，莫妮卡是少數幾個經歷恐怖考驗而沒有枯萎或崩裂的人。我喜歡聽她說話。莫妮卡和她的同伴是我在布宜諾斯艾利斯的鄰居；他們的房子裡總是擠滿烏拉圭人。

一天中午，我陪她去市場。這處曾是古老火車站的市場如今變成香氣、色彩和吆喝聲的盛會：給我幾個番茄，三個，熟一點的。洋蔥多少錢？看看這萵苣多好。放在這裡，給我拿個大一點的。啊，大蒜和香芹。有辣椒嗎？怎麼可能沒有，要哪一種的？我推薦青辣椒。烤玉米、烤玉米，讓一讓、讓一讓，不想動的話拜託你出去。

莫妮卡在頭髮裡別上幾根胡蘿蔔，衝著所有人微笑。

---

123 即何塞‧赫瓦西奧‧阿蒂加斯（José Gervasio Artigas），烏拉圭軍人，革命領袖和民族英雄。1811年至1820年，他領導包括今天烏拉圭在內的東岸地區（Banda Oriental）反對西班牙殖民統治和巴西葡萄牙人入侵的戰爭，以及對抗布宜諾斯艾利斯中央集權、爭取自治的鬥爭，被尊為烏拉圭獨立之父。

124 卡巴萊：自19世紀80年代起風行於歐洲都會餐館或酒館的助興節目，主要為歌舞，也包括朗誦、戲劇等。亦指以此類表演為特色的餐飲場所。源於法國，知名的黑貓（Le Chat Noir）、女神遊樂廳（Les Folies Bergère）、紅磨坊（Le Moulin Rouge）等即屬此列。

我們到家時，拎了一堆袋子和包裝。

莫妮卡的兒子潘喬（Pancho）落在我們後面，街頭的奇觀令他瞠目結舌，如某個陽台的欄杆、店家櫥窗玻璃、鐵門、啄食的鴿子。他禁不住停下腳步目瞪口呆，我們不得不回頭把他帶走。

「走吧，潘喬。」我對他說。他求我買鬼怪玩偶給他。

然後，他跑上前問候賣報人，遞給對方一粒花生。賣報人拒絕了。

「你為什麼不要？」他問道。賣報人低下頭坦承道：

「我過敏。」

布宜諾斯艾利斯，1976年3月：暗影和陽光

女人和男人在布宜諾斯艾利斯慶祝結婚三十週年。他們邀請了這些年來認識的夫婦檔、許久不見的人，在那張泛黃的婚禮刺繡桌布上用餐、大笑、敬酒、暢飲。他們喝光無數瓶酒，講著黃色笑話，因為吃得太多、笑得太多而噎到，需要彼此拍背舒緩。午夜過後，在某一刻，沉默降臨。沉默溜了進來，安

頓下來，大獲全勝。話語被拋在半空中無人接聽，大笑顯得不合時宜。沒有人敢就此離開。就這樣，不知怎的，遊戲開始了。賓客們玩起誰死得最久的遊戲。人們互相詢問死多久了：不，不，不是二十年。你少算了幾歲。你死二十五年了。諸如此類。

雜誌社的某人述說這個前一天夜裡發生在他家的衰老和復仇故事。我才聽完，電話就響了。是一個我不太熟的烏拉圭女人。她時不時會過來，提供一些政治消息，或者看看有沒有可以為其他沒有住處或工作的流亡者做的。這一回，她來電告訴我她戀愛了。她告訴我，她終於找到她苦苦追尋卻不知道所求為何的目的，她必須告訴誰，她很抱歉打擾我，她發現自己可以與另一個人分享內心深處，她想跟我說是因為這是個好消息，不是嗎？她沒有人可以說，就想著⋯⋯

她告訴我，他們生平第一次去賽馬場就是和對方一起去的，馬匹和絲質夾克的光芒令兩人目眩神迷。他們沒什麼錢但他們有信心會贏因為這是第一次。他們在看上去最善良的馬以及名字最好笑的馬上下注。他們輸光所有錢，走路回家時，卻因為那些漂亮的動物以及刺激的賽事而體會到純粹的快樂。因為馬匹的魅力、賽道的激情，也因為他們年輕、美麗、無所不能。「此刻」，她對我說，「我超想衝到街上，吹奏小號，擁抱路人，高喊我愛他，出生即是幸運。」

這名老婦是一個國家

1.

奶奶最後一次來布宜諾斯艾利斯時已經沒有牙了，像新生兒一樣。我假裝沒注意到。格拉謝拉事先從蒙得維的亞打電話提醒我：「她非常擔心。不時問我，『愛德華多會不會覺得我醜？』」

奶奶像一隻小鳥。歲月流逝，她也愈來愈嬌小。

我們挽著臂從港口走出來。

我建議叫輛計程車。

「不，不，」我說，「不是因為我覺得妳會累。我知道你能走。是飯店太遠了。」

但是她想走路。

「聽著，奶奶，」我對她說，「這地方不值得逛，風景也不好。這裡的布宜諾斯艾利斯很糟。等一下你休息夠了，我們再一起去公園散步。」

她停下來，上下打量著我，罵了我一頓，憤怒地質問我：「你以為我和你在一起時是要看風景？」

她緊抓住我。

「在你的翅膀底下，」她說，「我覺得自己變大了。」

她問我：「你還記得上次動完手術後，在療養院裡，你攙扶我的事嗎？」

她說起烏拉圭，那裡的沉默及恐懼。

「全都那麼髒。全都那麼髒。」

她談起死亡：

「我會轉世成一株刺薊。或者你的孫輩或曾孫輩。」

「但是，奶奶，」我對她說，「你會活到兩百歲。不要跟我談死亡，妳還早呢。」

「別這麼壞。」她說。

她告訴我，她已經厭倦這副軀殼了。

「我常對我的身體說：『我受不了你了。』身體回答道：『彼此彼此。』」

「你看。」她說著，扯一扯手臂上鬆垮的皮膚。

她對我說起旅行：

「記得嗎？有一次，你在委內瑞拉發高燒，差點死掉，我在蒙得維的亞，毫無來由地哭了一整夜。那幾天，我不時跟艾瑪說：『愛德華多心神不寧。』然後我就來了。現在，我依然覺得你心神不寧。」

2.

奶奶待上幾天就回蒙得維的亞去了。

一陣子過後，我寫了一封信給她，請她別為自己操心、別讓自己無聊、別太累。我告訴她，我很清楚塑造我的泥土從哪裡來。

後來，我聽說她出了點意外。

我打電話給她。

「是我自己的錯。」她告訴我，「我逃出來後，往大學的方向走，就是很久以前我去看你時走的那條路。你記得嗎？我總算明白，我再也做不來了。一走就摔倒。我一走到樓梯下便高聲喊：『時間的香氣！』──這是你有一次送我的香水。然後我就摔下去了。他們扶我起來再送到這裡。他們覺得我摔斷骨頭。不過今天，他們一走開，我就又下床逃走。我跑到街上，說：我活得很好、很瘋狂，就像他希望的那樣。」

布宜諾斯艾利斯，1976年4月：如履薄冰

1.

不久以前，一個聲音聽來蠻橫的男人打電話給比森特（Vicente）[125]。他說有急事要見他。一開始，他沒聽出對方是誰。接著他想起來了。幾年前，身為律師的比森特曾為這個人處理過一起空頭支票糾紛。他未收取任何費用。

比森特告訴男人，自己忙瘋了，一分鐘空閒也沒有……

他們在一間咖啡館見面。男人堅持他們應該喝進口威士忌。比森特說，他不想這麼一大早就喝酒……

他們喝著進口威士忌。

而後，比森特才知道這個男人是名警官。

「我目前在特務執行指揮部，」男人說，「我接到指令要殺你。」

他告訴比森特，他最好消失一星期。下個星期，他會接到

---

125 比森特・齊托・利馬（Vicente Zito Lema）：阿根廷詩人、編劇家。曾任《觀點報》記者。《零》（Cero）、《塔利斯曼》（Talismán）等刊物創辦人之一。70年代與《危機》保持緊密聯繫。1977年流亡歐洲，1983年歸國。

新名單，其上會是不同的名字。每個星期的名單都不同。

「我無法保證挽救你的性命或任何事。我只是告訴你去躲一個星期。我們要做的事很多。你並不重要。」

比森特感謝他，說自己不知道要怎麼才能……

「現在我們扯平了。」男人說，「現在我什麼都不欠你了。兩年前，你無私地幫助過我。如今，這是你應得的。如果再接到指令要殺你，我會找到你，並殺你。」

他喊來服務生，沒等找錢便站起身。

「我不會和你握手。」他說，「我也不希望你伸手。」

2.

五年前，比森特‧齊托‧利馬在維拉盧加諾（Villa Lugano）[126]的球場公開演講。那是政治犯絕食抗議的最後一天。比森特爬上看台，越過人群望見克勞迪婭（Claudia）和他的女兒們在草地上和乳牛、小狗玩耍。那一刻，他忘了所有政治口號，談論起愛和美。底下的人開始拉扯他的外套要他下台，卻

126 維拉盧加諾：布宜諾斯艾利斯西南城郊一區。

完全無法讓他停下來。

3.

去年，每個星期三早上我們都去巴勒莫（Palermo）[127]踢足球。在後場，比森特是禁區之王。在前場，他不顧一切發動猛攻。我喜歡送他角球，好讓他一記頭錘球破門。「幹得好，愛德華多！」他總這麼衝著我高喊，即便天生笨拙的我錯失進球的好機會。

偶爾我們一起離開更衣室。他會跟我聊起他爺爺的故事。他爺爺是名鞋匠、無政府主義者，用刀和玩牌都很有一套，七十歲了還在街上追求女孩子。

4.

如今我們不再踢球。

球隊解散了。

127 巴勒莫：布宜諾斯艾利斯東北城郊一區。

　　比森特、菲科和我一起辦雜誌。我們不時去吃比薩，因為我們喜歡，也因為我們不希望滿腦子只想著每個晚上都有可能是最後一夜。比森特知道布宜諾斯艾利斯每一區最美味的比薩餅店在哪裡。

　　「到那裡去，坐在盡頭烤爐旁，不是前面那個，點半份比薩，底下烤得焦黑，灑滿洛克福乾酪、番茄和洋蔥。然後，再跟我說說你覺得如何。」

　　這種對比薩店的了解源自學生時代，他走遍布宜諾斯艾利斯各家比薩店兜售朋友自製的莫札瑞拉起司。那些不願購買的都是好吃的比薩店。

　　有天晚上，我們一起去吃比薩。比森特非常悲傷。早上報紙刊登了一名激進分子的死訊，他曾為對方辯護過。屍體在一處沼澤被發現，一旁是他年幼的兒子。他叫塞瓦斯蒂安（Sebastián）。他的妻子迪亞娜（Diana）四個月前已慘遭殺害。

　　「你知道我一生中最快樂的一天是什麼時候嗎？」比森特對我說，「就是我終於讓他們在布宜諾斯艾利斯的法庭上團聚。他們兩人遭逮捕兩年，一直無法相見。他被調到北邊監獄時，她去了南邊。等她關在外省，他又被塞進布宜諾斯艾利斯德沃托的牢房。那天，我假託當庭對質安排他們重聚。我從沒見過那樣的擁吻。」

系統

機器迫害年輕人：監禁、拷打、殺害他們。年輕人是機器無能的活證據。它要驅逐他們：它要出口這些人──人肉、廉價勞力。

貧瘠的機器憎惡成長中、行動中的一切。它卻只能徒增監獄和墓地的數量。除了囚犯和屍體、間諜和警察、乞丐和遭流放的人，它不事生產。

年輕本身正是罪。每一天，現實在破曉時分犯罪；歷史也在每個早晨重生。

所以，現實和歷史皆被禁止。

飛越紫色大地[128]紀事

1.

浮雲化作一隻史前巨龜。

空姐為我們端來咖啡。一盞小燈亮起，我們聽到一記警示聲響；一道聲音要求我們繫好安全帶。我們進入一道亂流。咖啡在餐盤上晃動。我們完全不理會警示。一如往常，我們享用黑咖啡；味道不錯。艾瑞克在靠窗的座位上，俯瞰窗外。

開往布宜諾斯艾利斯的班機上載滿一大群遊客。他們全副武裝，帶著相機、閃光燈設備及和攝影器材。機上貨物櫃上滿是空行李箱，待他們回到里約或聖保羅，裡面會塞滿皮夾克和

---

128 烏拉圭或東岸地區的別稱。紫色是當地春季的色調，由一種盛放的紫色小花造成。這一稱謂起源不可考，其深入人心則和威廉・亨利・赫德森（William Henry Hudson）的傑出傳奇《紫色土地》（*The Purple Land*, 1885年首次出版）密不可分。小說藉由19世紀下半葉一名英國青年在烏拉圭彭巴草原的冒險，對該國最初幾十年的動盪歷史、社會各階層面貌深入刻畫，對彭巴草原的風光，特別是紫色系的草原黃昏有極富感染力的描寫。結尾藉敘述者之口將紫色土地闡釋為「一個染有她孩子如此多鮮血的國家」。該書在烏拉圭文學中享有極高地位，豪爾赫・路易斯・波赫士（Jorge Luis Borges）則稱其為「最優秀的高喬文學」。「高喬文學」，出現於十九世紀初、以高喬牧民的口吻寫成的長篇敘事詩或者小說，其創作傳統延續到二十世紀初，對包括波赫士在內的作家產生巨大影響。

其他狩獵的戰利品。我太清楚了。遊客。

「我現在知道，為什麼飛機上要準備嘔吐袋。」我說。

艾瑞克從波音飛機的窗口望出去。他瞄了一眼手錶對我說：

「底下是你的土地。」

我們衝破一大片雲。這架航班直飛布宜諾斯艾利斯，中途未在蒙得維的亞停留。

下方是無人的荒原：被蹂躪的土地、被冒犯的土地、不被地主熱愛的土地。曾幾何時，牧羊人騎上馬背是為了反抗。一百五十年前，一名身穿破舊印地安斗篷的考迪羅在那裡頒布拉丁美洲第一次農業改革[129]法令。如今，學校嚴禁教授涉及此段歷史的課程。

「我們正飛過你的國家上空。」艾瑞克說道。

我說：

---

129 此處所指的考迪羅為何塞・赫瓦西奧・阿蒂加斯。1815年他控制烏拉圭東岸全境，於9月10日簽署《關於東岸省鄉村地區發展及保障牧場主安全的暫行條例》（Reglamento Provisorio de la Provincia Oriental para el Fomento de la Campaña y Seguridad de sus Hacendados），在該地區推行土地改革。《條例》規定，沒收已離境革命敵人的土地，分配給黑人、桑博人（zambos，印黑混血）、印第安人和貧窮的克里奧爾人。參見愛德華多・加萊亞諾所著《拉丁美洲：被切開的血管》。

「是啊。」

艾瑞克安靜了下來。

而我心想：這是我的土地，它還記得我嗎？

2.

我經常半夜返家。布宜諾斯艾利斯。在家中被睡眠一陣召喚後，我閉上眼，蒙得維的亞的燈瞬間亮起：我沿著海濱大道或市中心的街道前行，我半被追捕、半是躲藏，尋找我的人民。而後我隨伴一身汗驚醒，並因歷劫歸來和沒被認出的痛苦而感到窒息。於是，我起身進浴室。我打濕頭髮，就著水龍頭喝幾口水。然後，我再次回到床上，直坐到天明，下巴枕在膝蓋上。我抽起菸並思考著，為什麼不趁今天回到那個我屬於的地方呢？我的國家已被摧毀，而我，也遭禁止回國了。我明白自己比我那些被關押、被謀殺或被折磨致死的朋友幸運得多，而這道禁令某種程度上是一種致敬：證明寫作並非一無是處的熱情。但是我忍不住心想：我配得上在這裡嗎？我值得為任何人做些什麼嗎？在我的城市那空蕩蕩的街道上，是否還有我們的回聲或足跡呢？除了保持沉默、沒來由的或只是以防萬一便被丟進獄中腐爛，待在那裡，我還能做什麼？

陽光一滑過布宜諾斯艾利斯的房間，我便起床，睡得很不好，渾身痠痛，鬧鐘還沒響。沖澡後，我穿上衣服。電梯門緩緩闔上時我仍在想：如果我是一塊碎裂的石頭？一塊碎成片的石頭，一塊完整石頭的碎片只在原地滾動？一個被判只能永遠路過的遊子。（櫃檯上一杯啤酒。這杯酒在等誰？在等誰來喝？每次啤酒蒸發完，都有個老婦人重新斟滿。）

會有那麼一天，我終於能清除毒害我血液的疑惑嗎？我想用所有失眠及酒酣的夜晚，交換囚徒獨自在牢房裡尋找的旋律、交換骯髒廚房裡一個女人把頭埋進手心等待的喜悅微風。我想穿越那條河，經過海關，準時抵達。（一個男孩被警察拖著滾下樓梯。破碎的衣服、鮮血斑斑。一群老人無動於衷地看著。男孩抬起滿是塵土的臉。眼裡閃爍仇恨的光。）

一天早上，前往雜誌社的路上，我想起多年前看過的一部波蘭電影。電影描述戰時一群人從華沙下水道逃亡。所有人一起進入地下道。只有一人得以倖存。有的迷失在骯髒的迷宮裡；有的因飢餓而倒下或因沼氣而窒息。倖存者的那張臉我記憶猶新，尤其是他最後終於推開下水道人孔蓋、從黑暗和糞便中鑽出的瞬間：他不停眨眼，因日光而刺痛，也因世界而驚愕。然後，他關起頭頂上的人孔蓋，再次沒入下水道裡，和他所有死去的同伴在一起。這樣的獻祭給我重重一擊，觀眾的反應更

令我憤慨，他們無法理解這般壯舉，衝著銀幕大吼：「有病！愚蠢！你在做什麼啊，你這弱智，該死的白痴！」

那天晚上，我在蒙得維的亞住處附近的電影院看了這部電影，至今已經過很長一段時間。而在這個早上，我走在布宜諾斯艾利斯街頭，深感當時觀眾的反應是合理的。那些在電影院裡的人懂得比我多，儘管他們完全不知道誰是安德烈・華伊達（Andrej Wajda）[130]，而且一點也不感興趣。

3.

飛機上，艾瑞克在我身旁打盹。我腦中嗡嗡作響。

我心想，再回來時，我要走遍那些我成長或讓我成長的地方；總有一天，我要再一次獨自走一遍那些已不在人世的人曾陪我走過的地方。

一道低沉的聲音在我心裡哼唱密爾頓・納西門托（Millón Nascimento）[131]的歌：

---

130 安德烈・華伊達：波蘭導演。最著名的作品是結合反納粹及前蘇聯的戰爭三部曲，分別為《這一代》（A Generation）、《地下水道》（Kanal）、《灰燼與鑽石》（Ashes and Diamonds）。本文所提影片，便是其中的《地下水道》。

> 我發現我的力量
> 是我記憶留存的東西哼唱

第一口母奶的滋味。有什麼美食比得上奶奶從鄰家麵包店買給我巧克力糖？還有直到我離開蒙得維的亞，每個星期四她特地為我烹調的小扁豆？至今，我仍在全世界的餐桌上追尋那個味道。

> 我發覺一切都變了
> 一切都好渺小

我要回到家中的庭院，我在那裡抓著小狗莉莉的尾巴學會走路。牠是混種流浪犬，沒人願意領養牠。牠有一條長尾巴，

---

131 密爾頓‧納西門托：20世紀60、70年代起至今巴西樂壇最重要的歌手和詞曲作者之一。之後提到的歌曲題為〈懷念巴西泛空〉（Saudade dos Aviões da Panair），由密爾頓‧納西門托和詩人費爾南多‧布蘭特（Fernando Brant）共同創作，取材於1965年軍政府強行關閉巴西泛空航空公司的事件，表現民眾對此的傷感和憤慨。巴西泛空成立於1929年，其時為拉丁美洲規模最大的航空公司。此事一出，舉國震驚，而軍政府不但未做解釋，更禁止民眾表達看法。人們普遍認為這是一起政治迫害。

眼神甜蜜惺忪，肚子裡總是懷著小狗。牠睡在我的搖籃下，朝每個試圖靠近的人亮出犬齒。每天晚上，街區裡的公狗在門外嗥叫，為爭奪牠而互相撕咬至死。莉莉很有耐心更多是打鬧著的教會我走路。

　　我要回到通往海邊的那幾條街道，那裡曾經是一塊空地，屬於我的戰場和足球場。我們以棍棒和石頭開戰。我們在棕櫚樹的樹皮上畫上令人戰慄的眼睛和血盆大口，並以此為盾牌。出門買義大利餃也是一場探險。你必須穿過敵人的領地。正是在這片海濱的空地上，我弄歪了牙齒，哥哥則差點失去一隻眼睛。媽媽為我們治好傷口，不許我們抱怨：她教會我們咬緊牙關、絕不退縮。哥哥吉列爾莫（Guillermo）話很少，卻為保護鳥和狗的權利而戰。他從來沒能在城市裡找到自己。我也從沒在城市裡見過快樂的他。城市令他感傷並吞沒他；唯有在派桑杜的原野上，他才是他自己。

　　最美妙的是⋯⋯

　　我要乘坐在馬背上走遍黑溪岸邊的草地，我在那裡學會騎馬奔馳。從很小的時候起，我和哥哥便會賽馬。每到週日午後，我們會逃離午睡時間，幾乎光著身子，縱身一躍抓住馬鬃，不

用馬鞍也沒有韁繩：我飛了起來，體內是動物原始的脈動、如雷的馬蹄聲響、散發獸皮潮濕的氣味、汗水沸騰，與這股一頭進入風中的力量交流：下馬時，我的膝蓋顫抖。孩童時光的驚奇體驗持續到晚間。

多年以後我還能認出那種劇烈的快樂，如同一個人回憶起自己的出生或第一道光。這種感覺偶爾也會出現，在海邊，我赤裸地浸沒在海裡，我感覺到自己屬於海。或者，當我觸碰一個女人，我給她生命，而她摩蹭著我、創造出我，我進入她身體裡，我們兩人在那短暫的一瞬成為不朽，我們兩個人在至高的飛翔裡變成很多個存在。

4.

我要回到布塞厄區（El Buceo）[132] 佩佩·巴里恩托斯（Pepe Barrientos）的牧場。

不順遂時，佩佩會為我在屋裡找個角落。他會為我開門，讓我坐在他身旁，和他的家人在一起。

---

132 布塞厄區：蒙得維的亞東南沿海一城區。

　　有天早上，和我們在辛迪加（sindicatos）一起服役的豪爾赫‧伊里西帝（Jorge Irisity）也來到這裡。他把車停在門口，按喇叭叫我，從金屬柵欄的另一頭高喊：古巴被入侵了。佩佩立刻打開收音機。新聞正宣布入侵者在吉隆灘（Playa Girón）成功登陸。我感覺口乾舌燥，整個下午不停喝水，卻仍無法消除那種灼燒感。那天下午工作時，我的舌頭竟脫皮。佩佩想帶我去看醫生。最後舌頭自然痊癒了。

　　一年又一年，我和佩佩一起經歷過些許冒險旅程。一個夏日夜晚，我們坐在布塞厄一處小港口的碼頭上，他問我最近在做什麼。他告訴我，這個世界沒有足夠的麵包可以撫平我的飢餓。

5.

　　廣播宣布飛機正準備降落埃塞薩機場。

　　艾瑞克搖搖我。他以為我睡著了。

　　太陽落在河面上。無瑕的光，是那種唯有在每天初生或結束時才會出現的光。

　　我們走向一輛計程車，拎著手提箱。有一瞬間我感覺很快樂，很想跳起來。

計程車沿著海岸滑行，然後淹沒在城市裡。

孩子

　　海濱，海岸開展、河流入海之處，我的孩子在此孕育而生。韋羅妮卡（Verónica）在布塞厄老海灣幾根傾圮樹幹的庇護下。克勞迪奧（Claudio）在南區（El Barrio Sur）[133]。弗洛倫西婭（Florencia）在阿特蘭蒂達（Atlántida）[134]的海灘。

　　我和格拉謝拉搭乘公車前往阿特蘭蒂達的賭場。一如既往，我們剩餘的錢不夠生活一個月，這一次，我們厭倦了貧窮，決定把僅存的錢用在賭博上。

　　以防萬一，我們購買往返車票。贏了的話，我們整個週末會待在一家高級飯店，就算撐到月底也不用賣掉家裡的藝術書和酒瓶。輸了的話，就睡在海灘。

---

133 南區：蒙得維的亞南部沿海一城區。
134 阿特蘭蒂達：烏拉圭南部卡內洛內斯省（Canelones）濱海城市，為度假、療養勝地，位於蒙得維的亞東約四十五公里處。

我們押在不同數字上：17、24、32……還試了試 0。機率。顏色、街道、圖片。我們根本是一知半解。

半小時之內，我們的口袋空空如也。

於是，我們在海裡洗澡，相擁睡在阿特蘭蒂達的沙灘上。

孩子

我和韋羅妮卡彼此寫過許多內容激烈的信件。

有時是漫長的沉默。兩人各自等待對方低頭──但心底也很清楚，對方是不可能的。這純屬作風問題。

韋羅妮卡像亨弗萊・鮑嘉（Humphrey Bogart）那樣點燃雪茄。捏著火柴說些什麼，一副心不在焉的樣子，望向另一邊，待火苗快燒到指甲時，她才慢慢地移近香菸。她挑眉，輕撫下巴，自嘴角呼出一口煙將火熄滅。

她來布宜諾斯艾利斯時對我說：

「如果我們不是父女，應該早就分開了。」

一天晚上，她和瑪爾塔、艾瑞克出門狂歡。

韋羅妮卡帶著她的布娃娃無名一起去。

第二天中午,她起床後告訴我:

「我們一起出門。到野蠻人喝啤酒、嗑花生。夜色很美。
我們運氣很好,坐在靠窗的桌子。音樂很好聽。」

「無名呢?」

「我們把它掛在牆上的鉤子上,也點了啤酒給它。啤酒讓
它昏昏欲睡。」

「待到很晚嗎?」

「我們彼此相愛,」她對我說,「直到凌晨三點。」

孩子

十一年前在蒙得維的亞,我在家門口等弗洛倫西婭。她當
時很小,走起路來像隻小熊。我很少見到她。我每天晚上在報
社待到很晚,一大早便趕到大學工作。我不太了解她。我在她
睡著時吻她,有時帶回巧克力糖或玩具給她。

那天下午她媽媽不在家,我在門口等校車從幼稚園載弗洛
倫西婭回來。

到家時,她心情很差,也不說話。在電梯裡時,她皺著臉

幾乎要哭了。然後，她任由杯子裡的牛奶涼掉，緊盯著地板。

　　我讓她坐在我大腿上，要她告訴我怎麼了。她搖頭拒絕。我摸摸她，親吻她的額頭。眼淚流了下來。我用手帕擦乾她的臉，為她擤擤鼻子。這時，我又問了一次：

　　「來，跟我說一下。」

　　她告訴我，她最好的朋友今天說不喜歡她了。

　　我們就坐在椅子上一起哭，我不清楚到底哭了多久。

　　我感覺到弗洛倫西婭在未來漫長年月裡即將面臨的傷害，我多希望真有上帝存在而且祂不是聾子，我才能祈求他把留給弗洛倫西婭的所有痛苦全加諸在我身上。

孩子

1.

　　克勞迪奧最好的朋友阿爾瓦羅（Alvaro）邀請他觀賞自己的甲蟲馬戲團表演。克勞迪奧向我描述那個馬戲團。晾衣夾柵欄圍繞著一圈草編環。阿爾瓦羅用金屬線、小木塊和細繩發明

了一套甲蟲偏愛的遊戲設備。可憐的蟲子一身戰士盔甲更顯笨拙，不過克勞迪奧在阿爾瓦羅的馬戲團裡，親眼目睹牠們完成高難度跳躍、旋轉：在高空盪鞦韆上維持平衡、致命的高空跳躍、在旋轉木馬上打轉並向觀眾致意。

2.

一天晚上，阿爾瓦羅通宵待在克勞迪奧房裡。第二天早上，床舖依然很整齊，兩人衣服也沒換，卻一副很累的樣子。

克勞迪奧解釋道：

「我們打開窗戶，看見滿月。於是我們整晚唱歌、說故事、談論女朋友等有的沒的。」

3.

克勞迪奧會喝湯，只是用叉子喝。

他喜歡解謎和迷路。

他曾說：「漂亮的公園特別適合迷路！」

他會問：

「爸爸，幾點了？三位瑪麗雅（Three Marys）[135] 都在天上了

嗎？南十字星呢？我們發明的所有東西都已經被發明我們的人發明過了，這是真的嗎？」

4.

克勞迪奧三歲時體質很虛弱，甚至是從死裡逃出來的。

他不停喘著粗氣，頭上猶如一把火；但在窒息和高燒中，他仍盡可能一副沒事的樣子，咬緊牙關露出笑容。

「媽媽，我很好，」他吞吞吐吐地說，「妳沒看到我很好嗎？」

他被送進醫院時幾乎沒呼吸了，完全仰賴氧氣罩。他乘著氧氣艙，穿過清涼湛藍的宇宙飛上月球。

他拒絕我們給他的奶嘴，說道：「我們太空人是不用奶嘴的。」

他喃喃自語：「天上有一群馬在飛。」

然後，院方將他安置在幼兒擔架床上並推往手術室。在長長的擔架車上，他顯得如此渺小。他對每個人說再見和謝謝，

---

135 三位瑪麗雅：即獵戶座腰帶那三顆排成一直線的亮星，分別為參宿一（Alnitak）、參宿二（Alnilam）和參宿三（Mintaka）。

電梯門闔上了。

從麻醉中醒來時，他餓壞了。

他昏昏沉沉地說：「我想吃牙齒。」他想從床上坐起來卻辦不到。等他坐起來時，他在被單上畫了一隻小雞。

過了好一段時間，他的肺才完全恢復。他把一根鉛筆叼在嘴裡，說：

「我是小紳士。我抽菸、咳嗽。所以，我才會一直咳嗽、咳嗽。」

出院時，他再也不恐懼。睡覺時不必吸奶嘴，也沒再尿濕過床單。

布宜諾斯艾利斯，1976年5月：他死了嗎？誰知道？

1.

我們聽見發動機從遠方逐漸靠近的聲音。我們站在碼頭上等待。阿羅多（Haroldo）[136]一手擎著搖搖晃晃的提燈，一手摟著瑟縮發抖的瑪爾塔。

探照燈穿透薄霧找到我們。

我們跳上船艇。

有那麼一瞬間，我又看見那艘破舊的小船，被繩子拴得緊緊的；接著為霧氣所吞沒。我曾經在傍晚駕著這艘船前往商店所在的小島。

濃霧自深沉的河流上蒸騰而起。

船艇上很冷。乘客們的牙齒不住打顫。夜之將盡，寒冷更是刺骨。我們沿一條河道狹窄的溪流而上，轉而進入一條較寬的，最後進入河道。白天的第一道光自岸邊楊樹的暗影後方劃開。模糊的光慢慢顯露出被上漲的河水吞噬了一半的小木屋、白色教堂以及成排的樹木。一點一點，木麻黃的樹冠亮了起來。

我從船尾站起來，感覺到一股清新的氣息。新鮮的微風迎面吹來。我愉悅的望著小艇及河道波浪上的粼光所劃開的泡沫。

阿羅多站到我身旁，他要我轉身，於是我看見了：巨大的

---

136 阿羅多‧孔蒂（Haroldo Conti）：阿根廷小說家，著有長篇小說《東南方》（*Sudeste*）、《囚籠》（*Alrededor de la jaula*）、《有生之年》（*En vida*）、《馬斯卡羅，美洲獵人》（*Mascaró el cazador americano*），短篇小說集《夏日》（*Todos los veranos*）、《與其他人一起》（*Con otra gente*）、《卡羅來納白楊謠曲》（*La balada del álamo carolina*）等。以《美洲獵人》獲美洲之家獎。他於5月5日失蹤，這一天，也成為布宜諾斯艾利斯作家日。

古銅色太陽正侵入河口。

我們深入河口三角洲，在那裡待上幾天，然後，返回布宜諾斯艾利斯。

2.

很少人像阿羅多・孔蒂這般了解巴拉那（Paraná）[137]。他知道絕佳的釣魚地點、島上捷徑和被遺忘的角落；他清楚潮起潮落、每一名漁夫的生活及船隻、這個地區和居民的祕密。他懂得如何漫步在三角洲，一如他在寫作中懂得如何在時間的隧道中旅行。他在溪流間閒晃或日以繼夜的在開闊的大河上航行，尋找那艘童年時期或夢中曾駕馭過的幽靈船。在追隨失去之物的同時，他聽見許多聲音並說起那些像他一樣的人的故事。

---

137 巴拉那：阿根廷東部巴拉那三角洲。起於聖菲省（Santa Fe），向東南方延伸，經恩特里里烏斯省（Entre Ríos）西南部和南部、布宜諾斯艾利斯省北部至拉普拉塔河，面積達一萬四千平方公里。洲內水道縱橫，密布島嶼、濕地，有如迷宮，生物多姿，風光綺麗。這裡是阿羅多・孔蒂的聖地，為深入其中，他甚至造了名為亞歷杭德拉的小船。三角洲經常出現在其作品中，成名作《東南方》即主要描寫三角洲風光及人物。

3.

一星期以前，他從家裡被拖走。蒙上眼睛，慘遭毒打，然後被帶走。那些人的槍枝裝上消音器。他的家被洗劫一空。他們偷走所有東西，連毛毯也沒放過。阿根廷最優秀的小說家之一遭綁架，報紙上竟一個字也沒提，電台什麼也沒說。今天的報紙刊登了義大利烏迪（Udine）內地震受害者的完整名單。

事情發生之際，瑪爾塔在家。她也被蒙上眼睛。他們允許她和丈夫告別，她的嘴唇上留下一絲血腥。

時至今日，他被帶走已過一星期。我再也沒有機會告訴他我愛他，而由於羞赧或惰性，我從未對他表達我的愛。

布宜諾斯艾利斯，1976年5月：那道聲音抵擋得住緊繃的情緒

阿爾弗雷多・茲塔羅薩（Alfredo Zitarrosa）[138]唱起歌來沒有多餘的顫音及修飾，如此男子氣概的嗓聲是為了以愛為名——那是危險的——和男人的尊嚴。今晚，我前往他的住處。遇到

一些我不熟識的人。

阿爾弗雷多患頭痛多年。沒有醫生有辦法醫治。那種國家的痛：

「我醉了。」他告訴我。

他說了一些別的事，又突然中斷對我解釋道：

「我醉了。常有的事。」

他向我問起阿羅多，問了三次。

「前兩天我聽說了。什麼辦法都沒有了嗎？」

他為我斟紅酒，悒悒地唱歌。角落裡有人開了個玩笑卻自己先笑了出來。

「我沒讀過阿羅多任何作品，」阿爾弗雷多說，「那天我去買了一本。我喜歡這傢伙。真沒有我能為他做的嗎？」

他坐著漫不經心的撥弄了一陣子琴弦，眼睛緊盯地面，然後又說：

「我覺得那本小說很好，《東南方》。我之前完全沒聽過這

138 阿爾弗雷多・茲塔羅薩：烏拉圭著名歌手、詞曲作者和詩人。拉丁美洲新歌運動（Nueva canción）在該國的領軍人物。曾為《前進》（*Marcha*）週報工作，還是廣泛陣線黨員。20世紀70年代，他的歌在烏拉圭及其他軍政府統治下的拉丁美洲國家遭到禁止。他於1976年從布宜諾斯艾利斯流亡，1984年歸國。

本書，因為我實在太少看書，真的，我也從來不認識他。我知道他是你的朋友，但是從來不認識。現在……什麼都做不了嗎？」

他喝乾杯裡的酒，說：

「所以，什麼都做不了了。」

他搖搖頭。其他人齊聲唱起一首米隆加（Milonga）[139]。唱到一半。阿爾弗雷多一臉責備地看著我。

「我沒有你的地址。」他說。

我解釋道：「我從來不在家。」

「你沒給過我你的地址。」他說，「我知道雜誌社的電話，但沒有你的地址。你沒給過我。」

「我寫下來給你。」

他遞給我一本黑色記事本。

我一頁一頁翻找相對應的字首，無意中翻到他昨天的行程。

其他人低聲交談著。

---

139 米隆加：是一個音樂及舞蹈術語，指的是南美洲，尤其是阿根廷、巴西、烏拉圭一帶一種風格近似探戈的流行舞曲的音樂形式。作為舞曲的米隆加，可以填入不同的旋律，表達不同的樂思，但通常用來表現較粗獷不羈的內容。米隆加根植於非洲音樂，起源於拉普拉塔河流域，其全盛時期在19世紀70年代，但至今仍歷久不衰。

我在行程上讀到：

排練。

在 ION[140] 錄音。

打電話給愛德華多。

決定離開。

那些城市存在嗎？或者，它們只是人們口中呼出的水氣？

1.

當我離世，我想埋在哪條街道下？想被誰踩在腳下？想永遠聽見誰的腳步聲？

蒙得維的亞不正是那些在裡面相愛、憎恨、接受和給予的人的總和嗎？我的怒火和憂傷來自這些男男女女。他們是我的

---

140 ION：布宜諾斯艾利斯一家著名的音樂工作室，成立於20世紀50年代。

國家史。

埃米利奧要為我在布宜諾斯艾利斯的房間繪製壁畫，我請他為我畫一處色彩鮮豔的港口。一處用來抵達而非離開的蒙得維的亞港口：只說哈囉，沒有再見。

他如我所願地完成了。

2.

午睡時間，我和哥哥被關在房裡，時刻豎耳傾聽街頭那些不時召喚我們的聲音。那時的城市演奏著截然不同的樂音：我們聽見拉運賣冰攤車的噠噠馬蹄聲、磨刀人的哨音、吉拿棒攤販的三角鐵、冰淇淋小販的吆喝聲以及用喙尖占卜[141]的算命小鸚鵡的手搖管風琴的樂音。

母親一不留神，我們便逃了出去。我們穿遍整條街道，往朋友家的窗戶扔石子。待一幫人都到齊了，立刻前往荒地抽玉米葉卷菸。溪谷裡髒髒的小魚比家裡的午餐更鮮美，而比電影院裡買的更有滋味的，是在岸邊樹林裡燒烤並享用偷來的香

---

141 當手搖管風琴奏完一曲，棲於籠中或立於風琴手（organillero）肩頭的算命小鸚鵡會從裝滿卡片的抽屜銜出一張，由主人出售給占卜命運的路人。

腸。每一人輪流咬上一口。我們這天的戰利品正滴著滾燙的油
脂，滿溢在我們口中。

3.

我們盼望夏天；夏天是狂歡的時節，是嘉年華。

尤加利樹開花，火星在天上發出紅光，灼熱的大地擠滿癩
蛤蟆。

我們翻遍採石場，尋找適合做面具的黏土。我們揉捏出
雛型——尖鼻、凸眼——裹上石膏。用濕報紙塑型後，艾瑪
（Emma）姑媽再幫我們塗上顏料。我們在脖子上掛一口舊鍋，
面具樂團就這樣浩浩蕩蕩地走在嘉年華的遊行隊伍裡。

每個街區都有一座專屬的舞台，有些甚至兩個。在巨型彩
色木偶之間，嘉年華隊伍徹夜高歌。

在舞台的遮蔽下，伴隨上方的喧鬧，最初的吻就此發生。

4.

那座城市變成什麼樣子了？詩人帕里利亞（José Parrilla）
和畫家卡夫雷利塔（Raúl Cabrera）[142]曾在那裡共享一套西裝並

輪流穿。

原來是小蛛網的地方現在換成什麼了？看門的利托（El Lito）總是叼著托斯卡諾（Toscano）雪茄；他胖得只能坐著睡覺。我第一次去小蛛網時才十四歲。運氣很好。我一定是一臉無害，因為胖子利托放我進去。

「你！那個小個子！進去吧！」

利托有個兄弟叫拉法（Rafa），他在牆上記錄顧客的欠款。一旦粉刷牆壁，那些債務人便獲得赦免，這一定是他們從沒粉刷過壁面的原因。

每天晚上都有紅酒和吉他、臘腸和乳酪。

我們坐在貨箱上喝酒聊天，天一亮，這些貨箱便裝滿番茄、萵苣、洋蔥和柳丁。位於老城區中心的小蛛網（La Telita）夜晚是酒吧，白天則是蔬果店[143]。

---

142 即何塞·帕里利亞和勞爾·卡夫雷拉。何塞·帕里利亞特立獨行，行事出人意表；人稱卡夫雷利塔的勞爾·卡夫雷拉生活困窘，受前者庇護多年，創作出許多表現雙手交疊、眼神迷離大眼睛女孩的作品。兩人保持長久的友誼。他們是蒙得維的亞的傳奇人物。

143 小蛛網：位於華盛頓街（Washington）及佩雷斯·卡斯特利亞諾街（Pérez Castellano）交叉口。作為蔬果店，其歷史可追溯至1918年。時間推移，漸漸成為作家、詩人、畫家、音樂家和記者等鍾愛的談天場所，他們以貨箱為椅，在此品嚐紅酒和乳酪。利托和拉法兄弟為家族第三代，20世紀30年代開始掌管店舖，自那時起，

在那裡，我第一次聽到西班牙內戰歌曲，還有一些至今仍會哼唱的克里奧爾多那瓦（Tonadas）[144]。從詩人和水手的話語裡，我也學到另一些事。

5.

所有的醉鬼都是言論自由的忠誠支持者。「要我閉嘴，就你？」他們會說，「你要我閉嘴？你知道你此時此刻正在跟誰說話嗎？」

他們高談闊論，不帶身分證件就在街頭四處遊盪；沒人感到害怕。

這裡便以小蜘蛛網（得名自天花板上的蜘蛛網）聞名。下文所提及的諸多咖啡館、酒吧，多在蒙得維的亞南部沿海的老城區和中央區（Centro），歷史悠久，濃縮了這座城市的文化。詳請參見以下網址：http://www.raicesuruguay.com/raices/revista.html。

144 多那瓦：多那瓦是一種抒情民歌，起源於西班牙北部阿斯圖裡亞斯（Asturias）、坎塔夫里亞（Cantabria）地區，在阿根廷、智利、委內瑞拉等國有所發展變化，以演唱時不伴以舞蹈、改由吉他等絃樂器伴奏而顯著區別於發源地。在拉丁美洲，多那瓦通常承擔許多社會功能，如讚揚和祝福新人的多那瓦。20世紀60、70年代為新歌運動，尤其是智利的新歌運動吸納。克里奧爾人（Criollo）在16至18世紀指生於美洲而雙親為西班牙人者。

　　流亡的西班牙共和派會在自由廣場[145]的索羅卡巴納
（Sorocabana）咖啡館集會。他們會彼此一言不和，猶如開戰，
之後又勾肩一起離開。政客和戲劇迷則偏好圖皮南巴咖啡
館[146]。等那些退休老人回去睡覺之後，我們這些記者便占領皇
宮酒吧。一張靠窗餐桌則專屬於我。

　　正午時分的琴費斯（Gin fizz）[147]要在豪哈（El Jauja）[148]喝，
每週六的小葡萄（Uvita）[149]在老市場裡的趣趣（El Fun Fun）。
波士頓屬於音樂家和舞蹈家。不列顛則是用來玩象棋和疊疊
樂。加泰隆尼亞人、社會主義黨黨員以及啞巴，在此各自有聚
會的空間。若有人來此光顧滿三十年，不列顛會要他退休。從

145 儘管自由廣場（Plaza Libertad）是蒙得維的亞中部城區伊圖薩因戈區（Ituzaingó）
　　裡一座廣場的正式名稱，蒙得維的亞人仍習慣將南部城區中央區7月18日大道
　　（Avenida 18 de Julio）中段的這座廣場稱為自由廣場。該廣場的正式名稱為卡甘查
　　廣場（Plaza de Cagancha），取名自卡甘查戰役（Batalla de Cagancha, 1839），在這
　　次戰役中，烏拉圭人擊敗入侵的布宜諾斯艾利斯軍隊。
146 圖皮南巴（Tupí Nambá）一詞取自圖皮南巴人。圖皮南巴人是居於巴西大西洋海岸
　　北至塞阿拉州（Ceará），南至南里奧格蘭德州（Rio Grande do Sul）阿雷格里港一
　　帶的幾個印第安群體統稱。
147 琴費斯：一種用杜松子酒、檸檬汁、蘇打水、白糖或糖漿調製的雞尾酒。
148 豪哈：舊稱Xauxa，在西班牙語中可引申為安樂鄉、豐饒地等。語源學並無定論。
　　有一說為法蘭西斯科‧皮薩羅征服並建為西班牙祕魯舊都之地──今祕魯中西部
　　豪哈省首府豪哈，由克丘亞語（Quechuas）地名音譯而來。
149 小葡萄：小葡萄是由格那希葡萄酒（garnacha）和奧波多酒（oporto）製成的酒。

此，他可以免費喝酒。

這些場所在我的記憶裡完整保留，木頭或大理石餐桌、嘈雜的談話、金黃色的暗影、伴隨藍色煙霧的空氣、菸草香和新煮好的咖啡香：它們英勇地抵抗樹脂和塑膠貼面的入侵，最終被擊垮。

朝向獨立廣場的蒙特雷從不打烊。在那裡人們用湯勺吃焦糖布丁，結束了一整夜紅酒高歌。去上班前，可以在早餐時間飽餐一頓。

每個清晨，葛洛麗亞（Golria）會坐在蒙特雷（Monterrey）窗戶旁哼唱探戈舞曲，聲音低沉喑啞。連一隻蒼蠅飛過的聲音都沒有。（葛洛麗亞愛上一個叫馬伊阿〔Maia〕的男人，他在沿海貿易船上工作。有天晚上，愛情終結，她殺了他，然後自殺。人們在一張餐桌上為她守靈。一根粗蠟燭將燃燒殆盡。）

夢境

我來告訴你我小時候的故事，你將在窗上目睹這些事。

你看見幼小的我跑過原野，你看見馬匹、光線以及所有的

一切溫柔地移動。

於是，你從窗框上拾起一塊發亮的綠色小石子並緊緊捏在手心。從那一刻起，輪到你在我記憶的窗裡玩耍奔跑，你將飛奔穿越屬於我童年時光以及你的夢境的草原，我的風將拂過你的臉。

從鑰匙孔窺看世界

我記得暴力開始的那一天。

我哥哥吉列爾莫正和加利西亞人（Gallego）帕茲（Paz）一起在位於奧索里奧街（Osorio）的家門外人行道上玩樂。

那是一個夏日正午。

我坐在低矮的石牆上，觀賞他們踢一顆破布球。

加利西亞人比我們年長一些，以擅長打架出名，是孩子王。只要他現身在附近幾個街區，所有小孩孩都必須為他開道。

那天出現了一個可疑進球或類似事件，兩人扭打了起來。哥哥摔倒在地，加利西亞人頂著膝蓋跪在地上，從上方揍哥哥。

我完全不為所動也沒開口，徑直看著他揍吉列爾莫。

霎時，像是體內的扳機扣動，我眼前一黑，往前衝並撲向他。

我不確定之後發生的事。聽說我一陣拳打腳踢猛擊對方，像隻發狂的狗揪著加利西亞人的脖子，拉都拉不開。

我記得聽說此事後的我相當震驚，我渾身發抖、舔舐指關節上的血，好像聽到的是別人的故事。

從鑰匙孔窺看世界

一個下雨的早晨，我在友人豪爾赫的住處玩飛行棋或西洋棋，不知不覺間，我人就站他姊姊的臥房，一把掀起她散落在床上的衣服，床單上仍留著她睡覺時的餘溫。我感受到上帝一臉訝異的凝望。

布宜諾斯艾利斯，1976年5月：政治經濟學入門

經濟部長頒布的法令，論及匯率、稅收結構和價格策略嗎？為什麼從來不提諸如生命、死亡和命運之類的政策？算命的人和不必明說便理解法令內容的人，誰比較智慧？

在一個好日子裡，卡利托・多明格茲（Carlitos Domínguez）[150]的父親決定亮出最後一張牌。孩子們已經長大，不再那麼需要他。他要變賣寬敞的房子，再購置一套小公寓和一輛車。

「我要把那個老太太從廚房裡解救出來，」他說，「我們要來享受人生。」

他們從未旅行過。他們想穿越安第斯山脈。那會是什麼樣子？在那麼高的地方會是什麼感覺？

卡利托的父親簽妥賣屋契約的同一天，經濟部長頒布一條新法令。第二天的報紙上紛紛刊登這消息。如此一來，卡利托

---

150 卡利托・多明格茲：應指卡洛斯・馬里亞・多明格茲（Carlos María Domínguez）。阿根廷作家，1989年起，定居烏拉圭。曾任《危機》編輯。代表作有小說《卡賓槍的準星》（*Tres Muescas En Mi Carabina*）、《紙房子裡的人》（*La Casa de Papel*）等。

的父親賣屋所得的錢只夠再添購一間很小的公寓，再無其他。餘下的錢剛好只能用來支付自己的葬禮。

父親住院以後，卡利托去探視他，他懇求兒子拔掉身上的點滴。

「我理解你的感受，」卡利托說，「但是我不知道怎麼拔掉。」

他的母親完全沒機會認識新公寓所在的街區。她走進公寓，絆了一跤，重重摔了下去，而她再也不想起身了。

「我看見很大的黑色海星。」她說，「牠們有巨大的眼睛。」

後來，一陣狂風吹垮後院屋頂，沒有人有辦法將它安放回去。牆上的畫作紛紛墜落。冰箱停工。洗衣機壞了。電話不再響。

卡利托走進這處猶如暗黑陷阱的公寓，讀起父母在自己出生前寫給彼此的信。

系統

只有價格是自由的。在我們的土地上，亞當·史密斯（Adam Smith）需要墨索里尼。自由投資、自由價格、自由匯率：

貿易中的自由越多，人民越受壓抑。少數人的資產是其他多數
人的詛咒。哪有清白的財富？在危機時代，不就是自由派變保
守派、保守派變法西斯嗎？國家和民眾的殺手執行任務，到底
是為了誰的利益？

奧蘭多・萊特列爾（Orlando Letelier）[151] 在《國家》（*The Nation*）週刊上寫道，經濟不是中立的，技術也不是。兩週
後他在華盛頓街頭被炸成碎片。米爾頓・傅利曼（Milton Friedman）[152] 的理論為他自己帶來一座諾貝爾獎；相對於智利
人，則帶來皮諾切特。

一名經濟部長在烏拉圭宣布：「收入分配不均帶來存款不

151 奧蘭多・萊特列爾：為智利社會黨（Partido Socialista de Chile）政治家、經濟學
家。1971年起在薩爾瓦多・阿言德政府之下任駐美大使、外交、內政、國防部長
等職。政變中遭捕、送入集中營，一年後，因國際壓力獲釋。1975年，赴美國工
作，致力於勸阻歐美政府對智利軍政府的援助，幾次成功阻止歐洲貸款，因此被
褫奪智利國籍。這裡提到的文章當為〈芝加哥男孩在智利：經濟自由的高昂代
價〉（The Chicago Boys in Chile: Economic Freedom's Awfull Toll）。文中指出芝加
哥男孩──20世紀50年代起美國為智利培養的經濟學家，多數曾在經濟學家米爾
頓・傅利曼領導下的芝加哥大學經濟系學習，鼓吹新自由主義──與美國中央情
報局關係非比尋常。謀殺他的汽車炸彈為智利祕密警察所放置。
152 米爾頓・傅利曼：二十世紀重要經濟學家，1976年獲諾貝爾經濟學獎，他擔任美
國芝加哥大學教授的二十年間，多人獲諾貝爾獎。其名言為「天下沒有白吃的午
餐」。1975年，他曾訪問智利並與皮諾切特會談，會談中部分建議，對當時軍政
府的經濟政策有明顯的影響。

均。」同時，他承認酷刑令人恐懼。若非藉由這些不間斷的電擊，如何拯救這樣的不平等？右翼政黨總愛提抽象的意見。透過這類概括性做法，事情就解決了。

布宜諾斯艾利斯，1976年5月：書桌上的炸彈

1.

有人喊了一聲：

「卡斯楚先生找你。」

我探出頭。只見接待室裡坐著一個年輕人，腿上放著一個包裹。他跳了起來擁抱我，手中仍緊抓著包裹。我不認識他。他對我說，我們得單獨談談。

我們走進辦公室，關上門。他坐在我對面，望著我。

「請說。」

「我是烏拉圭人。」他對我說，接著補了一句，「和您一樣。」

「那很好。」我說。

「您知道這裡面裝什麼嗎？」他指指包裹。

「完全不知道。」

他把包裹輕輕放在桌上，整個人身體前傾，臉幾乎要碰到我，並說：

「是一枚炸彈。」

我退縮了一下。卡斯楚重新坐定。微笑著。

「一枚炸彈。」他重複了一遍。

我不覺瞄一眼門口。確信抽屜裡即使藏有一把手槍也無濟於事。

「我站在窮人的一邊。我站在人民的一邊。」卡斯楚說，「您呢？」

「我完全同意。」我向他保證。

他一隻手放在包裹上並提議：

「您想要我打開嗎？」

包裹裡蹦出一堆打字文稿。

「炸彈！」卡斯楚興奮高喊，「這部小說會讓政府倒台！」

2.

我安慰自己，好險這不是我遇見的第一個瘋子。

我們在蒙得維的亞出版《時代》（*Época*）期間，有個巨人

定期來報社巡視。他每週會從瘋人院逃出來，勢不可擋地走進編輯部，一身破舊灰色工人褲，頭剃得精光，隨便找張辦公桌前坐下，並威脅道：「我要把這裡全部打碎。」大家已經知道該如何應對：他臉朝下趴在一張桌上，我們輪流撫摸他的背。他便安詳地笑了起來，然後離開。

另一個瘋子會來告發帝國主義陰謀：每一次他打開家裡浴室水龍頭，就有螞蟻爬出來。有一個人是雕刻家，是將城市各個廣場的天使雕塑擊碎的慣犯。他夜裡隨時會來，外套裡裝著翅膀或青銅或大理石製的小手，請求公眾事務機構的庇護。至於那些發明家呢？一名矮小的義大利人將一大卷羊皮紙夾在腋下走來走去。那是他的滅火炮筒設計藍圖，能在沒有水的情況下，噴射出塵土及砂石滅火。

3.

阿查瓦爾（Achával）在布宜諾斯艾利斯大學出版社擔任文學主編期間，一天下午接待了一位兩鬢斑白、著合身西裝的紳士。

紳士帶來一本尚未出版的小說手稿。

「我是這部作品的作者。我帶來這裡是因為你們打算出

版。」

「嗯……」阿查猶豫了一下，「感謝您費心帶來。我們的顧問會看看……」

「沒什麼好看的，」紳士微笑道，「如果我說，你們打算出版這本書，是因為你們打算出版。」

阿查同情地表示贊同。他說，他也希望這本書能夠出版，也很願意考慮……

「也許我沒有說清楚。」紳士說道。

「是的，沒錯。」阿查說。他解釋道，每套叢書有特定的主編和顧問，他不能擅自下決定，在沒有……

「我已經說了，我帶小說手稿來，是因為要在這裡出版。」紳士重複一遍，毫不動搖。阿查瓦爾亦冷靜解釋道，這家出版社出版大學教材，出版部也是以此目的而成立，小說作品屬於學生閱讀叢書或目標設定在大眾閱讀的經典文學、當地文學以及世界文學系列，但無論如何，他會盡己所能……

「阿查瓦爾先生，」紳士說，「我感謝您的解釋。但是就如我剛才說的，我帶我的小說來這裡，是因為我知道要在這裡出版。」

阿查看著他。無言以對。他點了一根菸。溫和地問他：

「你可以告訴我，是誰說會在這裡出版的嗎？」

「上帝說的。」紳士回答道。

「誰？」

「上帝。三天前他在我面前顯靈，對我說：『把小說帶過去就可以了，會出版的。』」

阿查瓦爾從未接待過這麼被強力推薦的作家。

克拉洛梅克（Claromecó）[153]，1976年5月：敬，一個我不曾認識的男人

1.

從這裡能看見撿拾蝸牛的人……我任憑雙腳帶著我走了多久？太陽的最後一點餘暉漸漸落下。

海鷗的嘶鳴劃破天空。它們的影子在我前方穿行。

我走到克利斯蒂安的巨石下，閱讀上面那些早已銘刻在心

---

153 克拉洛梅克：阿根廷布宜諾斯艾利斯省南部濱海小鎮。今為觀光度假地。

的碑文[154]。我定靜站在石碑前。每次來這裡，我總是情不自禁地便踏上這漫長路途。

我踩過的地方曾經有他的足跡，多年前，曾被狂風海浪抹去。在那些午後，他像今天的我，感覺自己是上方盤旋的那隻鳥，在沙灘上滑行，再任由自身驟降、頭朝下的潛進海裡。

沒人知道老克利斯蒂安是怎麼來到這片海灘的，卻總有一些傳說。傳說擅長游泳的他，全憑泳技自一艘靠岸的丹麥船隻上逃了出來。他依靠在湍流中捕魚和其他食物為生。他從來沒讓大海吞噬釣魚線：他會游到魚線的所在，用手和牙齒解開繩結。更有人說，沒有任何一名警察能夠傷害他。

他隨時準備幫助他人，不求任何回報；他曾經拯救過好幾個人。他獻出所有，且從未擁有任何資產。他設立三十比索獎學金，鼓勵該地區的小學中最優秀的學生。

母馬婁拉幫他拉開漁網。每天晚上，老克利斯蒂安周旋於村裡的小店。六隻靈犬和母馬婁拉在店家門口等他。待他醉到不省人事，就會被人抬到婁拉背上。母馬沿著海岸線將他帶回

154 克利斯蒂安的巨石，係指克拉洛梅克鎮西南七公里處海灘上的克利斯蒂安・馬森（Christian Madsen）紀念碑。克利斯蒂安・馬森是當地傳奇人物。20世紀20年代因參加工人罷工而入獄，逃亡後避居當地，成為漁人，並於1963或1964年離世。

沙灘上他為自己搭建的錫片屋，隨著母馬屁股搖擺，他的身體晃動傾斜。偶爾，老人從馬背上滑下來，四肢著地攤在沙灘上。靈犬便會一起跳上去睡在他身上，以免他凍死。

關於他，我只知道大家傳說的這些，還有他那張面頰瘦削、目光和善的照片對我訴說的故事，以及我追隨他的腳步、行走在這條路徑上時，所學習到的。我知道他從來不識女人，但是也許，當他醉倒時，他曾經問候或詛咒過某個遠方的女孩，他曾為她殫精竭慮，直到乾涸。

2.

暴風雨過後，沙灘上出現許多碩大的蝸牛和生物。最近幾天，風平浪靜，我在沙灘和石縫間沒看到有什麼特別的。我撿起一小塊黑色玻璃。潮汐打在岩石上的瞬間，擊碎了這支酒瓶。

雅拉（Yala）[155]，1976年5月：街道之戰，靈魂之戰

1.

埃克托爾・蒂松（Héctor Tizón）[156]曾住在歐洲。他在那裡不快樂，因而又回到雅拉。那是一段艱困時刻，但他確信自己屬於腳下的土地。

我們有一年多沒見了。我抵達雅拉時頭疼欲裂。脖子感覺灼燒長達兩個星期。

我們沿著通往河邊的小路漫步。

那條河與村莊同名。喧鬧的河水流過斑斕的卵石。春天，山上的冰雪融化。夜裡，雅拉河畔幾把吉他沉睡著。樂手把它們留在那裡，好讓小美人魚調弦。

「我們所有人的自由都是有條件的。」埃克托爾說。「我要獨自留在這裡。」

恐懼是最不好的消息。埃克托爾說：「在科爾多瓦，阿爾

---

155 雅拉：阿根廷北部胡胡伊省城鎮。
156 埃克托爾・蒂松：阿根廷作家、政治家。曾擔任律師、政府官員。1976至1982年流亡西班牙。著有《老兵》（*El Viejo Soldado*）等十餘部小說以及故事、隨筆。

貝托‧比爾尼瓊（Alberto Burnichón）的葬禮上，只去了十二個人[157]。」

我也認識那個無辜的商人，他走遍平原山川，帶著大量的畫作及詩歌，販售這些賣不掉的藝術作品。他清楚這個國家的每一塊石頭、每一個人、每一種紅酒的口感和人民的記憶。他們用伊薩卡霰彈槍打碎他的頭顱和胸腔，扔進一口井裡。他被炸毀的房舍，連灰燼也不留。他曾用心編輯的畫冊及書籍、來自各省年輕人書寫的作品，其中更有展現出天分或很吸引人的作品，還有從所到之處書店地下室或火爐裡搶救出來的。二十五年心血毀於一旦。殺手們居功厥偉。

「葬禮上只來了一個男人。」埃克托爾說，「十一個女人和一個男人。」

恐懼是最不好的消息。他告訴我，有一對情侶朋友，把藏書全扔進爐灶。一本接一本，所有的書：我們這個時代的宗教儀式。他們從列寧開始，最後是《愛麗絲夢遊奇境》（Alice in Wonderland）。直到已經沒什麼可以扔進火堆了，他們卻像著魔一樣：他們打碎光碟片。然後，她面對火焰，在一處角落突然

157 阿爾貝托‧比爾尼瓊：著名的阿根廷出版人，在作家，尤其詩人之間享有盛譽。1976年3月24日為軍政府殺害。

激動的哭了起來。

　　我告訴他，有一群小孩在布宜諾斯艾利斯一處空地上踢一個包裹。拆開包裹後：裡面都是書。一整批我們出刊的雜誌被禁止發行、遭強行查封，最後被丟在一處空地上。你開始感覺到有些人和你打招呼時壓低聲音或別過頭去。即便是在在電話裡，你也會傳播瘟瘟病。重新認識周圍的人，而如今面對漲潮：誰能不被溺死？誰不會被機器所擊潰？

　　我們沿著鐵軌走到火車站，坐下來抽根菸。我在月台的石板上發現一頭獅子、一名梳著頭髮的女人、一個舉高雙臂猶如進貢的男孩。在歲月和腳步的踩踏下，石板漸磨損，卻無法抹去這些圖案。用雕刻刀在石板上刻畫這些圖案的鐵道工人早已離世。他一定是在等待的過程中變成雕刻家的。在那個年代，一個月只會有一班火車經過這裡。

　　「雅拉有自己的生命。」埃克托爾說，「從前這裡有人。甚至有一名理髮師。後來他染上聖維杜斯病毒（St. Vitus' Dance）[158]。他很危險。」

　　他很少和我談到歐洲。一幢安達盧西亞（Andalucía）房子

---

158 聖維杜斯病毒為歐洲中世紀流行病之一，染病者會出現抽搐、如跳舞般的病症。事實上，這是一種神經性疾病。

裡有一副盔甲，其上有一句話：「受苦是為了活著。」在巴黎看過的一部電影，描述一名成年女性苦行且極度緩慢的生活。有天晚上，讓娜驚覺到高潮。她起身洗淨自己，在衣櫥裡找到一把剪刀，將它插進男人的喉嚨。

2.

一隻鐵拳撐住我的頸項。為了說服自己，我說，我不害怕恐懼。我說，正是這絕望時刻提醒我，我活著。我不會付錢給我體內任何一個小丑或婊子。

我告訴埃克托爾，我正嘗試寫作、嘗試釐清那些正逐漸被自己征服的微小確定，不讓它們被質疑的強風奪走——文字像獅爪，又或者像生長在流動沙丘的沙礫上的羅望子樹。回歸簡單事物的喜悅：燭光、一杯水、掰開的麵包。謙遜的尊嚴，值得你付出的潔淨世界。

3.

埃克托爾說起老雅拉的故事。被外地人拋棄的女孩每天下午騎馬出門，男人的馬則跟隨在側，空有馬鞍無人坐騎。她在

雙人桌上享用午餐和晚餐，一旁是他的空盤。她漸漸變老。

我們沿著水渠邊散步，伴隨靜靜的流水。我摘下一片瓜葉菊樹葉，用手指捋壓。

埃克托爾說：「那邊轉角處住著一個長不大的女人；她的身體和心智仍是小女孩；她還是個盲人。她的整個人生都在鞦韆上度過。任何人去推一把鞦韆，她立刻像小鳥一樣唱歌。她只會這件事。」

我說起布宜諾斯艾利斯。我已經有多久沒聽到美人魚慟哭？一個男人的生命在最後一次貶值以後還值多少？這個國家播下的，是屍體和小麥。從名單上劃掉一個名字，屬於那個名字的人會在何處醒來？你被封住嘴、捆住手、你被推上福特獵鷹：你聽見城市裡所有聲音消逝，你說了再見，或者說，你用意念說了再見——因為嘴裡塞著布。

「不，不。等等。不是這樣。不要從正面打，他不值得。從背面打。」

一個男人發現被跟蹤。他跑過街道，鑽進一間電話亭。他撥打的號碼不是占線就是無人接聽。透過玻璃門，他看見殺手們正在等他。

為什麼即使有那麼多警告和威脅，離開，對我而言仍如此艱難？是我熱愛這來自外在世界的緊張氛圍，還是因為它與我

的內在緊繃情緒如此類似？

4.

我們回到家。

爐灶裡的火劈啪作響。

我們談起各自的職業。敬賀相遇，哀嘆告別：文字是否真能帶你前往你已不再生活的地方呢？生而為人，難道不是在任何地方的桌上都能用餐、飲酒、寫作嗎？你進入的女人，難道不是來自昨日或明天？當所有的孩子和書稿散落各地，那頑強的國家失敗者最好明白這些事。

埃克托爾問起阿羅多。我回答他，我們一無所知。我們說起其他在押的、死亡的和被追捕的人；說起針對文字和聯繫的威脅和禁令。追捕要持續到何時？叛國行為要持續到何時？

我們聊到雜誌。這個星期，出版審查駁回聖地牙哥·科瓦洛夫（Santiago Kovadloff）[159]的一篇作品。那是一篇反對毒品的文章，內容揭發毒品是恐懼的面具。他堅稱毒品催生保守派年

---

159 聖地牙哥·科瓦洛夫：阿根廷詩人、翻譯家、哲學家，長期觀察阿根廷社會，並為文成書。

輕人。出版審查單位決定扣留原稿。我打電話通知他。他掛上
電話以後，兒子迪基圖（Dieguito）看見父親一臉擔憂，問他：
「怎麼了嗎？」聖地牙哥回答道：

　　「他們不讓我們說話。他們不讓我們談論任何事。」

　　迪基圖告訴他，說：

　　「學校老師也是這麼對我的。」

5.

　　我們也聊到那些看不見的審查制度。

　　英格瑪・柏格曼（Ingmar Bergman）[160]和安東尼奧尼
（Michelangelo Antonioni）[161]能夠察覺到通貨膨脹和人與人之間
的溝通不順有關嗎？從第一期至今，我們的雜誌價格已經翻漲
四十倍。一張白紙的成本永遠高於印刷過的紙張；而由於廣告

---

160 英格瑪・柏格曼：瑞典導演，擅長在電影中探索人性，作品包括《第七封印》
　　（The Seventh Seal）、《野草莓》（Wild Strawberries）等，並榮獲奧斯卡金像獎、柏
　　林影展等諸多國際電影獎項。
161 安東尼奧尼：義大利現代主義導演，電影多呈現人與人之間的疏離及難以溝通的
　　狀態。最著名作品稱為「疏離愛情三部曲」，包括《奇遇》(L'Avventura)、《夜》
　　(La Notte)和《蝕》（L'Eclisse）。

公司和代理商的陰謀，我們沒有足夠的廣告收入來彌補虧損。
我們在為誰公開說出那僅有的一些被允許說的話？埃克托爾，
這越來越像是兩種沉默之間的對話。

還有威脅。威脅難道不也是一種審查嗎？印刷廠逃不過慘
遭炸毀的命運。我們的人民裡，那些尚未被囚禁或殺死的，則
睡在異國的床上，只剩一隻眼。

6.

我們坐下來享用歐拉利婭為我們準備的辣雞肉。

基切講起烏馬瓦卡（Humahuaca）[162]的男人和惡魔簽下契約
使自己隱身的故事。

在這張餐桌上吃飯對我很有幫助。我和他們分享麵包、紅
酒、回憶和消息，一如舊日時光。當時，交流是有信仰的人的
養分。

---

162 烏馬瓦卡：胡胡伊省小城，位於克夫拉達德烏馬瓦卡山谷（Quebrada de
    Humahuaca）。

7.

第二天早上，埃克托爾在樓下等我。

我仍然昏昏沉沉的。

「我聽到新聞。」他說，「我得告訴你一個壞消息，雖然你應該料到了。他們找到米凱利尼（Zelmar Michelini）和古鐵雷斯・魯伊斯（Gutiérrez Ruiz）的屍體[163]。」

布宜諾斯艾利斯，1976年5月：我打開今晚就寢時要睡的房門

我一個人。我反問自己：另一半的我在等我嗎？那一半在哪裡？於此同時，它在做什麼？

---

163 1976年5月21日，流亡阿根廷的烏拉圭政治家澤爾馬・米凱利尼和古鐵雷斯・魯伊斯被發現在布宜諾斯艾利斯遇害。祕密兀鷹行動（Operación Cóndor）專門製造此類事件。它在美國支持下於1975年正式啟動，旨在協調南錐體（Cono Sur）各右翼軍政府合作剷除共產主義分子或顛覆分子。

　　喜悅會負傷而來嗎？它眼中會涔滿淚水嗎？萬物的答案及奧義：我們是否已經相遇卻又錯失，甚至沒有認出對方？

　　多麼離奇：我不認識另一半的我，卻又想念它。我感覺傷感，為一個尚未在地圖上出現的國家。

常言道：前進中死去比停下死去更是值得

1.

　　那些人開著幾輛警用白色汽車到來，各個全副武裝。一整個小時，他們有條不紊的打包古鐵雷斯‧魯伊斯住處的所有物品。他們帶走他以及屋裡的所有家當，包括孩子們的雜誌。幾公尺外是幾棟戒備森嚴的外國大使館。無人干涉。

　　兩小時後，他們搜捕澤爾馬‧米凱利尼。

　　這天，米凱利尼正在慶祝生日。他住在布宜諾斯艾利斯市中心的一家飯店。他們帶走他的一切，連孩子們的手錶也沒能倖免。殺手們沒戴手套，指紋到處都是。不會有人費神採集指紋。

　　警察局否認接獲任何舉報，儘管古鐵雷斯・魯伊斯曾是烏拉圭議院主席，而米凱利尼擔任過多年參議員。「那根本是浪費紙張。」警察們說。

　　第二天，阿根廷國防部眼睛眨也不眨地對記者宣稱：「這是烏拉圭單方面的行動。無論是否屬於官方命令，我都一無所知。」

　　過一段時間，在日內瓦，烏拉圭大使面對人權委員會的詰問時，他回答道：「至於阿根廷和烏拉圭之間的聯繫，這種聯繫當然存在。我們也為此感到驕傲。我們在歷史和文化上皆情同手足。」

2.

　　幾個月前，古鐵雷斯・魯伊斯笑容滿面的來到雜誌社。

　　他對我說：「我來，是為你送來邀請函。等到年終，我們一起在蒙得維的亞喝瑪黛茶。」

　　米凱利尼對我說過：

　　「兄弟，蒙得維的亞和布宜諾斯艾利斯哪個糟？看樣子，我們得在酷刑和脖子後的子彈之間選擇了。」

　　他說，他一直接到恐嚇電話。我沒有問他為什麼不離開。

和成千上萬烏拉圭人一樣，米凱利尼無法取得護照。但是，這不是他不離開的原因。我不問他，是為了不讓他問我為什麼不離開。走過墓地大門時，男孩吹了一聲強勁的口哨。

布宜諾斯艾利斯，1976年7月：大地吞噬了他們

雷蒙多・格萊哲（Raimundo Gleizer）[164]失蹤了。總是同樣的故事。他被人從布宜諾斯艾利斯的家中拖走，從此音信杳無。他拍了一些在獨裁者眼中不可饒恕的電影。

我最後一次見到他是在二月。我們帶著各自的孩子一起去海邊享用晚餐。深夜，他向我說起他的父親。

雷蒙多一家人來自波蘭、俄羅斯邊界的一處小村莊。村裡每戶人家各自有兩面國旗、兩張領導人畫像，根據風雲變幻選

---

164 雷蒙多・格萊哲：阿根廷左翼紀錄片導演，致力於呈現拉丁美洲的現實與問題。以《墨西哥：冰封的革命》（*México, la revolución congelada*）在瑞士盧加諾國際電影節（Festival del film Locarno）獲頒金豹獎。該片一度在阿根廷、墨西哥等國被列為禁片。其他作品有《特雷利烏屠殺》（*Ni olvido ni perdón: 1972, la masacre de Trelew*）、《叛徒》（*Los traidores*）等。他於1976年5月27日失蹤。

擇使用。俄羅斯軍隊走了，波蘭軍隊來了，諸如此類。那是一處戰亂頻仍、無止境的寒冬和無盡飢餓的地區。唯有堅強的人和狡猾的人足以倖存。麵包片則被藏在地板下。

對那個飽經戰亂的地區來說，第一次世界大戰根本不是什麼新鮮事，不過是讓糟糕的景況變得更糟罷了。沒死的人早上起來也是雙腿癱軟、胃裡糾結。

1918年，慈善夫人協會從美國送來一卡車的鞋。周圍村落的餓鬼都來了，你爭我奪的撲向鞋子。這是他們第一次見到鞋子。那地方沒人穿過鞋。身強體壯的人歡心鼓舞地抱著新鞋盒回家。

雷蒙多的父親回到家，鬆開包在腳上的破布，打開鞋盒，先試穿左腳。腳抗議了一下，但還是穿進去了。可是右腳怎麼也穿不進去。所有人一起幫忙推，仍舊無濟於事。這時母親才注意到兩隻鞋的鞋尖朝同一個方向斜彎。父親趕緊跑回分發中心。卻是空無一人。

接下來幾個月，雷蒙多的父親走遍各個村落，只為了尋找右腳的那隻鞋。

走過許多路、問過很多人之後，他終於找到了。在山那邊一處遙遠的村子裡，有個男人拿走同一號的兩隻右腳鞋。他把兩隻鞋擦得晶亮並擺放在架上。那是家中唯一的裝飾。

雷蒙多的父親拿出那隻左腳鞋。

「噢，不。」男人說，「既然美國人是這麼送來的，就應該是這樣。他們向來是對的。」

布宜諾斯艾利斯，1976 年 7 月：街道之戰，靈魂之戰

沉默，抑或是加入？抹去他人，抑或是召喚他們？孤獨是一場騙局。我要像駱駝一樣吞食自己的嘔吐物嗎？手淫的人會有什麼風險？至多也只是手腕僵直。

現實，他人：喜悅和危險。我召喚鬥牛，我抵禦牠們的突擊。我很清楚，這對兇猛的牛角可能刺穿我的股骨。

這些是我在長夜裡，曾與聖地牙哥・科瓦洛夫聊起的話題，也曾在冗長的信裡告訴埃內斯托・岡薩雷斯・貝爾梅霍（Ernesto González Bermejo）[165]。

---

165 埃內斯托・岡薩雷斯・貝爾梅霍為烏拉圭作家。

系統

拉丁美洲的科學家紛紛移民，實驗室和大學不再有資源，所謂工業「技術」總是源於外國且所費不貲。但是，為何不認可拉丁美洲在發展恐怖技術方面所做出的創新貢獻呢？

在我們的土地上，掌權者鼓勵大學針對酷刑手段、謀殺人類和思想的技術、培育沉默、繁殖無能、播種恐懼等方面的進步有所貢獻。

我從未聽人談過酷刑

十五年前，我在《前進》週報[166]任職期間，曾採訪過阿爾及利亞的一名學生領袖。當時，殖民戰爭剛結束不久。

我請他先聊聊自己，但一開始他不願多談。不過，在幾個小時的採訪裡，他漸漸卸下心防，述說起他的故事：在歷經七

---

166 《前進》：烏拉圭重要的左翼報紙，創刊於1939年。1974年底為軍政府查封。

年的對抗後，勝利的淚水潰堤。他在阿梅齊亞尼城（Améziane）遭到酷刑折磨。那些人固定住他的手腕、腳踝，藉此將他橫綁在一張金屬床上，然後對他施以電擊。

「你會覺得心臟不在了，血液都流光了，一切在顫動、在消失。」

後來，他被帶到水缸裡，連同水缸整個沉入水中。

他們指著他的太陽穴擊發空彈。

八個軍人當著他的面強暴他的女同事。

那時候，我從未料想到，酷刑也會成為國家文化。十五年前，我還不知道，我自己國家的監獄和軍營裡，將來會因為過度用電而突然斷電。

咖啡桌前的倖存者

住在蒙得維的亞期間，有一天，我在大學旁的街角咖啡店吃鷹嘴豆餅配啤酒，正好看見雷涅·薩瓦勒他（Rene Zavaleta）[167] 走了進來。

雷涅瘦骨嶙峋，剛從玻利維亞到來，話說個不停。

　　巴利安多斯獨裁政府將他關進馬迪迪（Madidi）監獄[168]，那是一座半邊埋進熱帶雨林裡的軍事碉堡。雷涅說，每天晚上都聽得到美洲豹和豬群像遭遇大災難一樣遷徙。空氣總是熱得沉重、黑壓壓的淨是蚊蟲，河道因刺魟及食人魚而分外凶險。進屋前，必須先用長竿打死一窩蝙蝠。

　　政治犯每天能領到一把小麥和半根香蕉。想要更多的食物就必須跪下來為下士洗腳。

　　馬迪迪監獄的士兵也是受到懲處而被發配到此，他們每天凝望天空尋找一架永遠不會經過的飛機。雷涅接受委託寫情書。沒人知道如何才能讓女朋友收到這些信，但是士兵們很喜歡雷涅寫的情書，他們留著這些信，每過一段時間，便要雷涅朗讀一遍。

　　有一天，兩個士兵大打出手，只為了搶一頭有女人名字的母牛而拚得你死我活。

　　接著，雷涅和我述說夏谷戰爭（Guerra del Chaco）[169]期間，

167 雷涅・薩瓦勒他：玻利維亞社會學家、政治家。曾任礦業和石油部長、外交官。馬克思主義理論家，對玻利維亞當代左翼知識分子深具影響。著有《玻利維亞：民族意識的增長》（Bolivia: crecimiento de la idea nacional）等。

168 馬迪迪：位於玻利維亞北部。

169 夏谷戰爭：1932至1935年巴拉圭和玻利維亞爭奪皮科馬約河（Pilcomayo）以北、

發生在他一個朋友身上的故事。

系統

1.

　　一個聞名拉美的花花公子在情人的床上吞下敗仗。早餐時，他解釋道：「昨晚我喝多了。」第二天晚上，他把自己的失敗歸咎於疲憊。第三天晚上，他換了情人。一週後，他去看醫生。一個月後，他換了醫生。一段時間過後，他開始接受精神分析。在一個接一個療程中，所有被潛藏或壓抑的經歷逐漸浮出表層意識。他記起：

　　1934年。夏谷戰爭。六名自前線脫逃的玻利維亞士兵在荒地高原上漫無目的徘徊。他們是一支落敗分隊的倖存者，在冰

巴拉圭河以西近二十六萬平方公里的荒野北夏谷（Chaco Boreal）的戰爭，兩國共損失十萬人。這場戰爭部分起因於紐澤西美孚石油公司和殼牌石油公司間的競爭。參見愛德華多‧加萊亞諾《拉丁美洲：被切開的血管》。

凍的荒原上緩慢行進，未見任何生靈、也沒有任何食物。這個人是其中一名士兵。

一天下午，他們發現一個放羊的印第安女孩。他們追上她、將她擊倒並強暴她。他們一個接一個輪流進入她的身體。

這個男人是最後一人。輪到他時，他趴在印第安女孩身上，發現她已經沒有呼吸了。

另外五名士兵圍成一圈。

他們用步槍指著他的後背。

於是，在恐懼和死亡之間，男人選擇了恐懼。

2.

同時間，總有一千零一個施虐的故事上演中。

那些施虐的人是誰？五個虐待狂、十個智能不足、十五個精神病患嗎？施虐的人在家都是值得尊敬的父親。

那些軍人上班時參與酷刑，下班後回家陪孩子們看電視。機器教導說，效率便是好事。酷刑是有效率的：劫取資訊、打碎良知、擴散恐懼。一場黑色彌撒的共謀於焉誕生、茁壯。不折磨別人就會被別人折磨。機器不接受無辜者，也不接受目擊者。誰能拒絕？誰能保持雙手潔淨？小齒輪第一次嘔吐。第二

次咬緊牙關。第三次習以為常，並盡自己的本分。過一段時間，
齒輪轉動著說出機器的語言：囚衣、電擊、溺水艇、腳鐐、鋸
木馬。機器要求紀律嚴明。最有天賦的那批人最終將樂在其中。

　　萬一施虐者病了，缺他們不可的系統該如何是好？

系統

　　施虐者是公務員。獨裁者是公務員。這些帶槍的官僚一旦
不能有效地完成任務，便會面臨失業。僅僅如此。他們絕不是
非凡的怪獸。我們不用認為他們到底有多顯赫。

法律入門

　　他來自布宜諾斯艾利斯，儘管幾年的時間和工作已經讓他
在胡胡伊紮根，他仍覺得自己是外人。某個不順遂的日子，他
心不在焉地以空頭支票支付車胎修理費。他遭判定罪，失去工

作。之後，朋友在路上遇見他的話，會刻意繞道而行。沒人邀請他去家裡吃飯，在酒吧裡，也不再有人請他喝酒。

一天深夜，他與自己的辯護律師會面。

「不，不，」他對律師說，「不要上訴了。我知道沒用的。別管了。我來，是為了告別，給你一個擁抱，祝你新年快樂。萬分感謝。」

那天凌晨，律師從睡夢中驚醒，他輕搖妻子，說：

「他祝我新年快樂，但還有兩個月才新年。」

律師趕緊穿上衣服出門，他沒有找到他。第二天早上，他才聽說：那個男人開槍射穿自己的腦袋。

不久，初審法官感覺手臂異樣地疼痛。癌症幾個月內吞噬了他。而提起訴訟的檢察官被馬踩死。接替他的工作的人先是無法言語，接著眼盲，最後半邊身體都不能動了。法庭祕書的車在路上爆炸、起火燃燒。一名不願介入此案的律師得罪某個客戶，對方掏槍擊碎他的大腿。

在雅拉（Yala）時，埃克托爾告訴我這個故事，我想起那些殺害切‧格瓦拉的兇手。

下令的是獨裁者雷涅‧巴利安多斯。一年半後，他在自己的直升機裡被大火燒死。而傳遞命令的是森特諾‧安納亞（Zenteno Anaya），他率領部隊在尼亞卡瓦祖（Ñancahuazú）密

林包夾並逮捕格瓦拉。很久以後，他捲入一起謀反行動，為當時的獨裁者發現。一個春天的早晨，森特諾・安納亞滿身彈孔，橫死在巴黎。負責行刑準備工作的是指揮官安德列斯・塞利奇（Andrés Selich）。1972年，塞利奇被己方公務人員棒毆致死，他們皆隸屬於內務部專業行刑人。執行命令的是中士馬里奧・特蘭（Mario Terán）。他在拉伊格拉（La Higuera）的校舍裡朝格瓦拉的身體開槍。特蘭進了收容所：他口齒不清，瘋話連篇。向全世界宣布格瓦拉死訊的是金塔尼利亞（Quintanilla）上校。他向攝影師和記者展示遺體。1971年，金塔尼利亞連中三槍後，在漢堡（Hamburgo）斷氣。

布宜諾斯艾利斯，1976年7月：正午

卡利托打電話給我。他有幾小時空閒。

我們在一處街角見面。買了一瓶沒聽過的紅酒——聖伊莎貝爾勃艮第：我們覺得在店裡哑著舌頭推薦這款紅酒的老頭很和善。

我們到一間借來的公寓吃飯。那是只有一個房間的公寓，

被單整齊的折好放在地板上，總體而言算是整潔。我喜歡那裡的氣味。

「這裡一定住著一個女人，」我說，「而且，是個好女人。」

「是的，」卡利托說，「她充滿魔力。」

他告訴我，醫生曾斷言這個女人無法出世。一天凌晨，她的母親和星星交易。她出生時很健康，而那天，幾頭母牛死了。

這紅酒的確相當出色。口感強烈，適合留在口中慢慢品嚐。

我們邊聊天邊用餐。

不久，卡利托便去上班。我們相約週末在菲科（Fico）的鄉間別墅見面。

我還有點時間，就在附近逛逛。我在一處草坪上睡著了，秋天的陽光照在臉上。

等我醒來，只見兩頭大象在我身旁吃草。

在牆上書寫，在街頭交談，在原野歌唱

1.

　　對我們而言，書籍、繪畫、交響樂、電影和劇作的生產與消費並不是文化的最終表現。甚至不是從這些開始的。文化是人與人之間創造的任何相遇場所，對我們而言，文化包括所有集體記憶和身分的象徵：證明我們是誰、對想像的預言、譴責阻擋我們的力量。基於這些理由，《危機》除了刊登詩歌、短篇小說和繪畫，更報導校園裡傳授的歷史謊言和大型跨國公司的陰謀——他們不僅兜售汽車，同時販賣意識形態。我們的雜誌拒絕這種推崇物質而貶低人民的價值體系，抵制用競爭和消費誘導民眾互相利用、互相擊潰的惡意把戲。基於這些理由，我們關心所有議題：地主的政治權力來源、石油聯合企業、各類傳媒……

2.

　　我們想和人民對話，想把話語權還給他們：文化是交流，否則就什麼都不是。為了避免噤聲，我們堅信，一種全新的文

化首先要聽見聲音。我們發表論述現實的文字，也以同等（甚至更多）的篇幅刊登直接源自現實的文字。這些文字來自街頭、原野、洞穴、生活故事、大眾歌謠。

上巴拉那的印第安人吟唱自身的痛苦、被文明包圍而淪為種植園奴隸或被搶奪土地的人殺害：

你看那薄霧的源頭，文字激發而生。我在孤獨中懷抱的文字，由你的子孫守護，哈卡伊拉人偉大的心。任憑他們高聲呼喊：激發文字之霧的主人。

政治犯在信中寫道：

我要跟你說海鷗的故事，你才不會再把牠們與悲傷連結。

馬德普拉塔（Mar del Plata）[170]的圍牆上，無名的手寫下：

我尋找基督，沒有找到。

---

170 馬德普拉塔：阿根廷東部沿海城市，位於布宜諾斯艾利斯南約四百公里處。

我尋找自己，沒有找到。

但是我遇見一旁的人，我們三人一起前進。

瘋人院裡的詩人前往祕密地區旅行：

我在海裡躺下。我在水中行走並呼喚他：洛特雷阿蒙（Lautrémont），洛特雷阿蒙。我哭喊著。他回答說，他愛我。我們在海裡成為朋友，因為我們都曾在大地上受苦。

蒙得維的亞郊區小學的孩子們如此描述征服美洲：

「我來教化你們。看我的船多美。」

「我不想被教化。我有家，有家人，賺很多。」

「但照我所說的去做更好：你們就能像我一樣說話。」

「別再胡鬧，滾一邊去。」

工廠工人說明他與太陽的關係：

你去上班時，是晚上，下班時，太陽已經下山。所以每天正午，所有人都有五分鐘時間到街上或工廠院子裡看一眼太

陽，因為廠裡看不見太陽。光能進來，但是你永遠看不見太陽。

3.

不久之後發生政變，軍政府發布新媒體規範。根據新的審查制度，禁止刊登街頭新聞報導或非專業人士關於任何話題的觀點。

產權全盛期。不僅地主、工廠主、屋主和人擁有私有財產：連話題都有產權。權力和話語的壟斷宣判平民只能沉默。

《危機》就此結束。我們無能為力，我們明白這一點。

麵包師唱歌，他樂見有泥土可築巢

1.

「人是瞎的。」卡利托說。

他嚼著三葉草莖。

我們躺在草地上，離其他人遠遠的。冷白色的太陽幾乎沒

有熱度。

馬蒂亞斯（Matías）為我們準備了碳烤肋排。我們吃著肋排，其他人三兩成群地聊天。

卡利托告訴我，他一輩子都在逃離自己人。他第一次有機會見到母親時，發現她是一個躺在床上的小女孩，只能斷斷續續說幾句瘋癲的話，永遠無法起身。

「人是瞎的，」卡利托說。「有時，你只能用猜。只是有時。」

2.

一天晚上，魔幻作家薩爾蘭加（Sarlanga）邊吃義大利餃，邊說起他上星期日在博卡主場（Cancha de Boca）[171]的遭遇。人群吞噬了他的一隻鞋子，返家的地鐵上，他只能光著一隻腳且面色嚴肅。阿查瓦爾想起老豪雷切（Jauretche）的故事，這個精明的老頭竟有辦法把一件小喪服賣給某個衣著光鮮華麗的建築師。

偶爾，我發現自己止不住的大笑，目光和一名叫埃倫娜的

---

171 博卡主場：位於布宜諾斯艾利斯東南城郊同名區。

女孩相遇。

我喜歡她由衷享受用餐的方式。

她整個週末都和我們在一起，但是直到晚餐，我才發現她的印第安面孔猶如西凱羅斯（Siqueiros）[172]的畫中人。我在她淺綠色的眼裡看見明亮的光芒，以及乾涸的淚痕、面頰的堅毅、溫婉的嘴上劃過一道傷疤：我大感意外，卻又禁不住思忖，這樣的女人應該被禁止。當時我還不知道，這道傷疤來自一顆擦面而過的子彈，但我或許已經注意到，死亡的利爪再也無法破壞她的面容。

之後，我們玩牌。她連最後一粒鷹嘴豆都賭上了。她贏了。於是她把所有的錢都推到桌子正中央，她賭上全部：結果輸了。她的眉頭皺也皺一下。

深夜的寒冷裡，我們一起走在路上。布滿雲的月光照映搖曳的樹冠，如徐緩的波濤，這些樹彷彿有了生命，成為我們的同夥，世界在腳下溫柔地旋轉。

「這很好，很乾淨。」我說，或者是她說。

第二天晚上，布宜諾斯艾利斯下了場暴雨。我們沒在一

---

172 即大衛・阿爾法羅・西凱羅斯（David Alfaro Siqueiros）：墨西哥左翼畫家、政治活動家。擅長社會現實主義風格，以濕壁畫著稱。

起。那天晚上，我們身處不同的街區、不同的屋簷下，徹夜未
眠，聆聽同一場雨落下。我們也發覺，我們無法分開入睡。

3.

旋律與我們相遇。緩慢、慵懶的愛的旋律伸展開來，滑入
空氣中，從一個房間到另一個房間，直到遇見我們，那支疲軟
的箭自空氣中飛過，〈白色翅膀〉（Asa Branca）[173]的旋律：艾瑞
克正在屋裡的某個角落吹奏口琴哄兒子費利佩，旋律飄到我們
當時所在之處，恰好那一刻，我對你說，或是你對我說，活下
來是值得的。

經歷過那麼多路途、巔簸並迷失自我，我的身體一路成
長，是為了遇見你。不是在港口，而是大海：所有河流終止的
所在，大小船隻啟航的地方。

173 〈白色翅膀〉：巴西歌手、詩人路易士・貢薩加・多・納西門托（Luiz Gonzaga do
Nascimento）創作的成名歌曲。巴西版《滾石》選為名列第四的偉大巴西歌曲。

4.

受困的境界、滅絕之戰、被占領的城市。我們所有人擠在一張床上過了幾夜。我們相當謹慎，留意腳步和言語。

但有天晚上，我至今不知因何而起，我們正對著布宜諾斯艾利斯最大的軍營，在大馬路上唱歌、跳舞了起來。總是輸球的網球冠軍艾瑞克像顆陀螺般旋轉；阿查和胖子手勾著手跳著，並宣布比森特統治所有帝國、君主國家和共和國的政府；比森特在地上打滾，又跳高，不惜摔斷一條腿也要高喊生活多美好。我和埃倫娜互相慶賀像在過生日。

軍營的站哨崗上，探照燈搜尋到我們的位置。哨兵舉起槍並閃著光：「這幫化了妝在大街上跳舞的瘋子是誰？」

他並沒有開槍。

夢境

半夜，你忽然驚醒，顯得焦躁不安。

「我做了噩夢。我明天說給你聽，如果我們還活著。我希

望現在已經是明天。你為什麼不讓現在是明天呢？我多希望現在已經是明天。」

記憶會允許我們快樂嗎？

某一刻，疼痛突然開始，從此再沒停過，即便你不召喚它，它也會來，烏鴉翅膀的陰影在你耳邊反覆說道：「一個都不留。沒人能活下來。有太多錯誤和希望需要償還。」

在科爾多瓦，薩拉森（Saracen）[174]女人拉開那塊破布，你看見你的兄弟丁的屍體，她一邊抱怨炎熱的天氣、繁重的工作，一邊翻過屍體讓你確認背後的彈孔。你碰到自己潮濕的皮膚才發現自己哭了。

魯道夫中彈倒地的時候，第一發子彈打到你的嘴。你伏在他的屍首上，甚至沒有嘴唇可以親吻他。

後來……

---

174 薩拉森：敘利亞及阿拉伯之間的沙漠地帶的遊牧民族。

那些最親愛的人，他們一個接一個的倒下，因為行動、思想、質疑或者無為之罪。

那個蓄著鬍子、目光憂鬱的男孩一大早來到西爾維奧·弗隆迪西（Silvio Frondizi）[175]的靈堂，現場空無一人。他在棺木上放上一顆亮紅的蘋果。你親眼目睹他放下蘋果，慢慢走遠。

不久後，你得知那個男孩是西爾維奧的兒子。那天中午，他們正在吃午餐，父親要他去拿顆蘋果，男孩起身拿蘋果的當下，殺手們猛地開槍。

布宜諾斯艾利斯，1976年7月：停滯的漫長旅途

沉睡城市的心肺律動。外面很冷。

霎時，緊閉的窗戶外傳來嘈雜人聲。你的指甲嵌進我的手臂。我無法呼吸。我們聽著拳打腳踢、謾罵聲不斷，一個人綿長的慟哭聲。

---

175 西爾維奧·弗隆迪西：阿根廷律師、法學教授。左翼革命團體發起人。工人革命黨政治犯辯護律師。1974年9月27日被三A聯盟處決隊暗殺。

然後，靜默。

「我是不是掐太緊了？」

簡直是水手結。

美好與安睡比恐懼更有力。

太陽照進來之際，我眨眨眼睛，伸展四肢。無人知曉這個膝蓋、這個手肘、這雙腳以及這個模糊說聲早安的聲音屬於誰。

於是，這個雙頭動物心想或者說出或者寧願：

「這樣醒來的人，不會碰上什麼壞事。」

從鑰匙孔窺看世界

那時候一切都是巨大的。一切：山頂上的石砌屋、繡球花小徑、夜幕降臨時，沿著這條路回家的男人們。周圍長著野草莓，大地一片紅，讓人禁不住想咬上一口。

你陪德達米亞（Deidamia）奶奶下山到城裡趕赴六點整的彌撒。庭院和不久前鋪好的小路正散發夏日的氣息。

德達米亞奶奶的抽屜裡，用蕾絲線纏著的，是她十個孩子的臍帶。

　　當你穿著短袖從首都回來，她總是說，「赤身裸體都是從布宜諾斯艾利斯來的。」

　　德達米亞奶奶從不讓任何一道陽光照到她的臉，也從不鬆開兩隻交握的手。

　　她坐在背光的搖椅上，兩手疊放，說：

　　「我就在這兒。存在著。」

　　德達米亞奶奶的手是透明的、藍色血管，指甲非常長。

從鑰匙孔窺看世界

　　你從花店偷走一朵百合花。你深吸它的馥郁芬芳。你踩著碎步緩緩穿過庭院、穿過夏日的熱浪，握拳高舉著這朵頎長的花。庭院裡冰涼的花磚對你光著的腳來說不啻一種享樂。

　　你走向水龍頭。你必須站在小板凳上才有辦法轉開。清涼的水澆在花上，澆在你的手上，你感覺到水一路淌至全身，你閉上眼睛，為這難以言喻的愉悅感到暈眩，就這樣過了一個世紀。

　　「我的想法都掉了，媽媽。」後來你指著排水孔解釋道，「我

的想法都掉到那裡去了。」

布宜諾斯艾利斯，1976年7月：言語不如沉默有尊嚴時，最好保持沉默

1.

我們被迫將雜誌社的打樣和手稿交到玫瑰宮。

「這個不行。這個也不能刊登。」他們說。

這是和軍政府的最後一次會面。

我和比森特一起去。

在為雜誌選題爭論了一個小時之後，我們談起阿羅多‧孔蒂。

「他是《危機》的編輯，」我們說，「他被綁架了。我們什麼都不知道。你們說，他並未被扣留，也說政府與此無關。那為什麼不讓我們報導這則新聞？這項禁令可能會造成誤解。你們知道外面會有不懷好意的人臆測……」

「你們有什麼好抱怨的？」上尉說，「我們一直以適當的態

度對待你們。我們接待你們、傾聽你們的意見。這是我們在這裡的理由，這也是我們在政府裡所能發揮的。但是我提醒你們。這個國家正處於戰爭中，如果我們在不同場合見面，對待方式可能截然不同。」

我碰碰同事的膝蓋。

「太晚了，我們走吧。」我說。

我們慢慢穿越五月廣場。

我們在廣場中央立定良久，未彼此對視。天空澄澈，周圍淨是人群和鴿子的嘈雜，陽光照在青銅圓屋頂上折射出綠色光線。

我們都沒開口。

我們鑽進一家酒館喝一杯，任誰也沒有勇氣開口，說：「所以說，阿羅多死了，是嗎？」

因為害怕對方回答：

「對。」

2.

雜誌不再發行。

早上，我召集同事們，告訴他們這件事。我想展現出堅定，

也想表達出一副很有希望的樣子，只是我渾身毛孔在在散發出悲傷。我解釋說，這不是菲科、比森特或者我的決定；這是情勢所逼。我們無法接受這場三年多的美好旅程竟以恥辱收場。《危機》不會向任何人低頭：我們會直挺挺的埋葬她，猶如她依然活著。

3.

清空辦公桌的抽屜，裡面淨是我的文稿和信件。我隨意讀著那些我愛過的女人和曾經是我兄弟的男人寫過的話。我的手指輕輕拂過那台曾經為我傳遞過友好及威脅的聲音的電話。

夜幕降臨。同事們在幾個小時前或幾個月前已陸續離開。我依舊聽見他們的聲音，也看得到他們；他們的腳步聲和交談聲，每個人曾經綻放的光彩，和離開時留下的一縷輕煙。

4.

在蒙得維的亞的《時代》報社也是這樣。你一走進那間狹小的編輯部，便感覺被擁抱，儘管業已空無一人。

十年過去，卻彷彿一瞬間。經歷了多少世紀才造就出此時

我活著的時刻？用了多少空氣才形成我正在呼吸的空氣？時光流逝，過往的空氣吹掉：時光和空氣留存在我體內，每當我披上魔術師的斗篷、戴上船長帽或小丑的鼻子，執起筆開始寫作的時候，所有曾經的年月和空氣便會在我體內增長蔓延。我書寫，或者說是：我摸索、我巡航、我召喚。它們會來到我面前嗎？

襤褸的舞台、大船、臨時搭建的馬戲團。我們為了滿溢的信仰陣日工作、甚至超時：沒有人拿到應得報酬。經常有個女孩順路為大家帶來補肝丸、或維他命補充劑。我們依然年輕，滿懷熱情想做點什麼並暢所欲言：我們快樂、固執、充滿渲染力。

每過一段時間我們就會被政府關起來、在警察局遭受威脅。面對這類情事，我們輕鬆以對，並沒有多少憤慨。每個不出刊的日子都是用來攢錢出下一刊的時日。我、安德列斯·古特立（Andrés Cultelli）和曼里克·薩爾巴雷（Marique Salbarrey）一起去警察總署，走到門口時，我們會先互相道別，以防萬一。

今天我們能活著出來嗎？誰也不知道。過了午夜，代理商會移走電傳打字機，因為我們未繳費；電話線也被剪了；唯一的收音機則掉在地上摔壞了。打字機色帶沒用完，我們在凌晨兩點跑出去尋找白報紙紙卷。我們能做的唯有走到陽台上等著

街角上演愛情片，而我們卻連拍照的底片也用罄。甚至一場火，導致我們的機器設備毀損。即便如此，每天早上，《時代》依舊出現在街頭。這是上帝存在的證據，或是團結的魔力？

當時我們還很年輕，從不對自身的樂趣感到後悔。凌晨三點工作結束以後，我們會在編輯桌之間拉出一處空間，展開一場紙團足球賽。有時候以一盤小扁豆或一根黑香菸便足以買通裁判，隨後拳頭落下，直到印刷廠送上第一份打樣：油墨香、指印汙漬、剛從印刷機嘴裡吐出來的。這是出生。然後，我們肩並肩走到大道上等待日出。這是儀式。

誰能忘記那些可愛的傢伙？我現在的伙伴們身上不也同樣有著當時的脈搏、當時的聲音？我的記憶有什麼用？我們想打碎說謊的機器……記憶。我的毒藥，我的糧食。

詩人說：「樹在離開它的鳥裡飛翔。」[176]

1.

在蒙得維的亞的某天下午，1960 年還是 1961 年的夏天，我意識到我再也無法忍受每天在特定時間打好領帶、穿上絲光外套、數錢找錢咬著牙說早安。我關上櫃檯、填寫帳單、簽名，對銀行經理說：

「我要離開了。」

他說：

「還沒到下班時間。」

我說：

「我要去尋找更有意義的事。」

於是，我第一次前往布宜諾斯艾利斯。

當年我二十歲。在布宜諾斯艾利斯沒認識幾個人，但是我覺得自己有辦法解決。

一開始我感覺很糟，非常惶恐。我覺得孤單，同時也因人

---

176 巴西詩人費雷拉・古拉爾（Ferreira Gullar）的詩句。

群、熾熱的天氣和缺錢而感到困頓。

我在《切》（*Che*）雜誌社工作了一小段時間，直到某個星期一，我、奇基塔·康斯坦拉（Chiquita Constenla）和巴伯羅·朱薩尼（Pablo Giussani）一起來到編輯部，意外發現整幢大樓被警方所包圍。時值鐵路大罷工。鐵道工人燒毀車廂，社方覺得無可厚非。士兵們便關閉我們的大門。

整整一個星期，我沒見任何人。把自己埋進一處不需要身分證件也不會有任何盤問的租屋處。我沒日沒夜的將自己裹在床上，大汗淋漓，悲傷不已，因為鄰房的叫喊、關上門的砰然聲響以及和情侶的呻吟而無法闔眼。

2.

在布宜諾斯艾利斯最初的那段時間在我心中留下一幅畫面，我不太確定是確確實實的經歷過，抑或是某個恐怖夜晚的夢境：人群擁堵在一個地鐵站，空氣黏稠、窒息感，地鐵一直沒來。過了半個小時或者更久，有個女孩在前一站臥軌自殺。一開始周圍一片靜默，低語議論，以像在靈堂裡的口吻說：「可憐的孩子，太可憐了。」只是地鐵遲遲不來，眼看上班要遲到了，於是人們不耐煩地跺起腳來，說：「她幹麼不去跳其他的

路線啊？非要選這條路線跳嗎？」

我渡河而過，發誓再也不回來。然而，我卻回來了，而且很多次。1973年初，菲科・沃哥勒斯安排我擔任一本新雜誌的主編，那便是《危機》。

3.

1976年年中，我必須離開，別無選擇。

很艱難。這座我早年厭惡的城市帶給我危險、喜悅以及愛。法國廣場的木蘭曾為多少人遮蔭？每當我走進拉莫斯、烏鴉（Civero）或者巴辛（Bachín）酒館，又會想起多少人？

中午時分，在拉莫斯，酒保馬諾洛（Manolo）將花生扔向木地板，幾隻鴿子便拋下人行道上的陽光，踱進來用餐。我和馬諾洛一起望著林蔭大道上的行人。

「你最近怎麼樣？」

「和這個國家一樣。」

「苟活著嗎？」

「誰？我嗎？」

「不是，我說的是國家。」

「靠說謊活著呢，可憐。」

4.

出發前夜，我和埃倫娜一起和阿查瓦爾、卡利托‧多明格茲聚餐。阿查舉酒祝賀道：

「敬那些美好的事。我們已經看夠壞事了。」

阿查瓦爾住在很遠的地方，離布宜諾斯艾利斯一個多小時的車程。他不想在城裡待太晚，因為清晨獨自坐上火車是非常悲涼的事。

每天早晨，阿查瓦爾搭九點整的火車上班。他習慣進同一節車廂、坐在同一個座位。

他對面總是坐著一個女人。每天，九點二十五分，這個女人會下車一分鐘，總是同一站，一個男人在月台上的同一個地點等她。女人和男人相擁接吻，直到車站鈴響，女人會倏地放開男人，返回車上。

這個女人一直坐在他對面，阿查瓦爾卻從沒聽過她的聲音。

一天早上她沒有來，九點二十五分，阿查瓦爾透過車窗看見那個男人在月台上等待。又過了一週，男人也消失了。

街道之戰，靈魂之戰

忽然之間，你置身在國外的天空下，這個國家的人說話和感受的方式不同以往，再沒人與你分享回憶，也沒有可以意識到自我的地方。你必須奮力一搏才能掙得生活、一夜好眠以及感受，彷彿自己是殘缺的，缺少諸多事物。

你想泣訴，思鄉與死亡的黏稠掌控你，你冒著活下去的風險回頭看，活著死去，唯有如此，才能讓這個蔑視生命的體系顯得合理。從小，我們已經在靈堂的偽善裡學會死亡是一件讓人變得更好的事。

風中歲月

1.

那個荷蘭人從一堆棄船之間探出頭。本應為藍色的棒球帽裡露出一束異常白的頭髮。他沒跟我打招呼。長臉上那雙清澈的大眼目不轉睛地瞅著我。我在殘破的船身旁坐下，而他正用

鋸子鋸斷桅杆，勤奮且有耐心。

　　荷蘭人和海鷗相互追逐。他說，牠們搶了他的午餐。我費了很大的功夫才讓他相信我出現在那裡只是出於一時的興致。碼頭離我家有十來個街區，午後的陽光裡，沿街而下走到海邊十分愜意。偶爾，荷蘭人會讓我幫他忙。我在船隻之間跳來跳去，拯救鏽蝕的船錨、破碎的舵柄和焦油味的纜繩。

　　他沉默不語的工作。心情好的下午會跟我說海難、船上暴動以及在南方海域捕鯨的故事。

2.

　　1970年，美洲之家（Casa de las Américas）[177]請我前去古巴擔任競賽評委，我來到碼頭向荷蘭人告別。

　　「我在哈瓦那住過。」他說，「那時，我還很年輕，有一套白西裝。我在一艘貨船上工作。我喜歡那個港口，便留下來了。一天早上，吃早餐時，我在報紙上讀到一則廣告。一位法國貴婦想找一名有教養的帥氣青年一起經營一段感情。於是，我洗

---

177 美洲之家：古巴政府於1959年創立的文化機構，設有出版社、研究中心和圖書館等。主辦美洲之家文學獎，為拉丁美洲文學最重要的獎項之一。

澡、剃鬍子、穿上和西裝相當搭配的鞋。貴婦的住所鄰近大教堂。我走上樓梯，用手杖叩門。門上有個很大的門環，但我還是用了手杖。門開了。那個法國女人身上一絲不掛。我一逕站著，目瞪口呆。然後我問：『該稱呼您夫人，還是小姐？』」

我們哈哈大笑。

「好多年前的事了。」荷蘭人說，「現在我想拜託你一件事。」

3.

我到古巴不久後，便前往哈瓦那的卵石山。我進不去。那裡是軍事管制區。我向很多人說明，依然未獲許可。

回到蒙得維的亞以後，我走到碼頭並站在那裡好一會兒，出神的看著荷蘭人工作。我抽完兩、三根菸。煉油廠的煙自腳下騰起。荷蘭人沒多問我任何事。我告訴他，在哈瓦那，我看見他在1920年用釘子在卵石上刻下的愛的話語，一切仍完好如初。

格蘭迪艾拉（Gran Tierra）[178] 紀事

1.

1964年年中，我第一次去古巴。那是高度封鎖的時期：所有人和貨物出入境皆被禁止。

我們先去利馬，然後是墨西哥。從墨西哥前往加拿大的溫莎和蒙特婁。我們在蒙特婁等了五天——車牌上刻著「美麗之省（La Belle Province）[179]」；湖邊有個立牌寫著「私人所有」——接著前往巴黎，再從巴黎到馬德里。

清晨我們降落在馬德里。我們只需在大洋洲再停一站。不過在馬德里，我們得知，前往哈瓦那的飛機當晚起飛。

我和雷娜（Reina）決定去普拉多美術館（Museo del Prado）[180]。雷娜是和我一起去參加蒙卡達週年紀念（El aniversario

---

178 格蘭迪艾拉：位於古巴東端關塔那摩省（Guantánamo）地區。字面涵義為偉大的土地。下述提及的邁西角（La Punta de Maisí），則是古巴最東端的海岬，其行政中心為下文提及的機器村（La Máquina）。

179 美麗之省：加拿大魁北克省，最大城市為蒙特婁。

180 普拉多美術館為西班牙境內最大的藝術博物館，和法國羅浮宮、英國大英博物館並列為世界三大美術館。

del Moncada）[181]的代表團同事，她是一名聰明的胖奶奶，家裡幾代都是老師，眼裡總是閃耀著智慧的光芒，嘆息的方式也很獨特。在這段漫長的旅途中，我們成為朋友。

古巴的高度封鎖讓我在那個下午實現夢寐以求的願望：觀賞到艾爾・葛雷柯（El Greco）[182]親手描繪出的騎士、維拉斯奎茲（Velázquez）[183]創造出的光線而非偽照的複製品，以及哥雅（Goya）的黑色繪畫，那些從他靈魂中誕生的怪獸，在聾人寓所裡陪伴畫家直到他離世[184]。

我們走到美術館門口。普拉多大道在那個澄澈的夏日午後顯得不可思議。

「進去之前，我們是不是應該喝杯咖啡？」

人行道上有很多桌子。我們點了咖啡和雪利酒。

---

181 蒙卡達週年紀念：應指7月26日，即攻打蒙卡達軍營紀念日。1953年這一天，斐代爾・卡斯楚率軍攻打位於古巴東南部聖地牙哥・德古巴（Santiago de Cuba）的軍營，自此打響古巴革命第一槍。該軍營在勝利後稱蒙卡達軍營，以紀念領導古巴獨立戰爭的二十九位將軍之一吉列爾莫・蒙卡達（Guillermo Moncada）。

182 艾爾・葛雷柯為希臘人，後移居西班牙。擅長宗教畫，但肖像畫亦有所專精，更被譽為「靈魂的肖像畫家」。

183 維拉斯奎茲為西班牙宮庭畫家，其最著名的畫作為〈侍女圖〉（Las Meninas）。

184 黑色繪畫是哥雅晚年在馬德里西南城郊的寓所（因前屋主為聾人，故稱聾人寓所）牆上所作十四幅以戰爭、死亡和疾病為主題的壁畫（1819-1823）。以〈農神吞噬其子〉（Saturno devorando a un hijo）為代表。

雷娜並不是個會記恨的人，但回憶起第一段婚姻仍深感厭
倦。多年來，她一直是個傳統的母親和女主人。有天晚上，在
某次宴會上，有人介紹她認識一位先生。她伸出手，他握緊她
的手，那是平生第一次，她感覺到一股不尋常的電流，並突然
意識到，直到那刻之前，自己的身體原來活在靜音、沒有樂音
的世界裡。他們沒說一句話。雷娜再也沒有見過他。而且，她
完全想不起來這個改變她人生的男人的名字及長相。

我們要來更多的咖啡和雪利酒。

雷娜繼續述說她一段又一段的愛情，我全然未加留意到時
間流逝。等我們一想起來，已經很晚了。普拉多美術館沒去成。
我根本忘了有普拉多美術館這個地方。

我們大笑著登上飛機。

2.

六年之後，我重返古巴，革命正經歷最艱困的時期。千萬
噸蔗糖採收計畫失敗，致力於蔗糖生產的國家經濟全然失衡。
最後，孩子們有了牛奶和鞋，但是工廠的員工餐廳裡，肉類食
品成為奇蹟，蔬菜和水果則只存在記憶中。

斐代爾‧卡斯楚沉重的對人群朗誦出戲劇般的資料：「這

正是古巴經濟的祕密。」

「是的，帝國主義先生們！建立社會主義是艱難的！」他說。

革命擊垮高牆。如今無論房子、衣物、食物、知識及健康，選擇的自由屬於每一個人。但是，難道這個國家不是千百年來已被馴化成無能和退縮？生產怎能趕上消費的突飛猛進？剛學會用自己的腳站立的古巴，怎麼跑得起來？

夜幕落在無邊無際的廣場上，斐代爾仍繼續演講危機與困難。關於錯誤，他說得更多。他分析組織瓦解後的鉗制、官僚主義的偏離和已經犯下的錯誤。他承認自己缺乏經驗，因而有時顯得太過理想主義，他指出，有人認為他之所以在那裡，是因為他享受權力和榮耀。

「我把生命中最美好的歲月獻給這場革命。」他說。

接著，他蹙眉發問：

「榮耀是什麼？一公克玉米便裝得下全世界的榮耀！」

他解釋道，一場真正的革命造福的是未來、是未來的人。

面對迫害、封鎖和威脅，古巴革命的脈搏跳得太快，已經喘不過氣了。

「敵人說，在古巴，我們有困難。」斐代爾說。

人群沉默地聽著，面色和拳頭不住緊繃了起來。

「這一點敵人說得沒有錯。

「敵人說在古巴人們有不滿。這一點敵人說得也沒有錯。

「但是，有一件事敵人說錯了！」

他用雷鳴般的聲音保證過去不會再回來，保證古巴再也不
會回到殖民地種植園時代的地獄、不再有專為外國人設置的妓
院、不再遭受帝國主義的侮辱，群眾回以撼動大地的嘶吼。

那天晚上，各國的電傳打字機瘋狂發布斐代爾·卡斯楚即
將垮台的消息。那些記者早已習慣謊言，甚至沒有理解真相的
勇氣。那天晚上，斐代爾的真誠展現了革命的偉大及力量。我
有幸在場，至今難忘。

3.

博拉·德聶維（Bola de Nieve）[185] 在他哈瓦那的家中，追問
我關於蒙得維的亞和布宜諾斯艾利斯的問題。他想知道那些
他三、四十年前便認識並熱愛的人和地方，他們的現況如何。
沒過多久，我發現一直回以「已經不在了」和「已經被忘了」

---

185 博拉·德聶維：古巴鋼琴演奏家、詞曲創作者。

等，已徒具意義。我想，他也意識到這一點，因為他轉而談論起古巴，他稱這個國家為「約魯巴－馬克思－列寧綜合體」，同時擁有非洲巫術和白人科學，無往不利。接著，他講了幾個小時付錢請他唱歌的上流社會的八卦：「羅薩莉婭‧阿夫雷烏（Rosalía Abreu）養了兩隻猩猩。她為牠們打扮一番。一個服侍她吃早餐，一個和她做愛。」

他讓我看他的朋友阿馬利婭‧佩萊斯（Amalia Peláez）生前的照片：

「她死於憨傻。她當時七十一歲了，卻仍是處女。從未有過情人。男的、女的，都沒有。」

他坦承自己怕活公雞和野猴子。

他坐在鋼琴前，演唱〈睡吧，黑女孩〉（Drume Negrita）。隨後，他唱起〈啊，伊內斯媽媽〉（Ay, Mama Inés）[186]，還模仿起賣花生的吆喝。他的聲音聽來很是疲憊，不過每當他聲音一沉，鋼琴樂音便會再次為他提振精神。

倏地，歌聲中斷，他的雙手停在空中。他轉過頭來，滿臉詫異地對我說：

---

186 〈睡吧，黑女孩〉和〈啊，伊內斯媽媽〉都是古巴鋼琴演奏家、詞曲作家埃利塞奧‧格雷內特（Eliseo Grenet）的作品。

「鋼琴相信我。它相信一切，再微小的事，鋼琴都相信。」

4.

我在美洲之家的工作結束以後，塞爾希奧‧查普雷（Sergio Chaple）提議我們一起去格蘭迪艾拉（Gran Tierra）旅行。

我們擠在胡桃殼般的機艙裡，飛過雨林上空，在古巴的末端落地。海地的藍色群山在地平線的另一端閃耀著。

「不，不。」馬吉托（Magüito）說，「古巴不是到此為止，古巴就此開始。」

儘管鄰近大海，邁西角上的土地依舊乾燥。乾旱波及所有的蔬菜和豆類作物。風來自四面八方，吹散了雲，驅趕了雨。

馬吉托帶我們到他家喝杯咖啡。

一進門，我們立刻驚醒了一頭睡在門口的母豬。牠相當生氣。我們在孩子、小豬、山羊和母雞的包圍下享用咖啡。牆上掛著聖芭芭拉肖像[187]，左右兩邊各是兩尊佛像和一尊耶穌聖心[188]。許多蠟燭正在燃燒。上個星期，馬吉托剛失去一名孫女。

187 聖芭芭拉：3世紀時殉教的女基督徒，後被尊為聖徒。
188 即耶穌聖心像。耶穌被表現為心露於外的形象，象徵對世人的大愛。

「時候到了。她毫無血色；根本是一朵棉花。時候到了什麼也無濟於事。我們每個人都會面對這個「時候」。偶爾，時候未到卻有人為你點上蠟燭，就像三十七年前的我那樣，他們說，反正我撐不到第二天早上，接著我竟然好了起來。」

從敞開的大門望出去，一些漁民自門口走過。他們出海歸來，長竿上掛著海鯛和鱸魚，已經清洗、抹鹽，準備曬乾。路上灰塵在他們背後揚起塵煙。

第一架直升機抵達此處時，人們驚恐萬分、四處逃竄。直到革命勝利，他們仍以人力擔架將重傷患者抬出雨林，傷患還沒到巴拉科亞（Baracoa）[189] 就斷氣了。但是我們的小飛機降落新機場時，不再有人瞠目結舌；而且自大鬍子們在亞諾斯平原（Los Llanos）[190] 設置第一家醫院以來，歲月已經過了好久。

「血氣之人不能容忍侮辱。」馬吉托說，「這是我的缺點。如果我有敵人，他們也全躲起來了。我是一名頌樂（Son）及丹松舞（Danzon）舞者[191]、嗜酒、經常參加派對，也是忠實的

---

189 巴拉科亞：邁西角北邊的城市。
190 亞諾斯平原：南美洲安第斯山脈以東，哥倫比亞和委內瑞拉境內的熱帶大草原。
191 頌樂及丹松舞兩者皆為古巴特有的舞蹈，前者源於古巴東部，融合拉丁美洲眾多音樂元素；後者則吸收歐洲古典音樂元素，節奏緩慢。

朋友。從這裡到山頂，所有人都認識我。」

他提醒我們，說：

「我們這裡的人都不是壞脾氣。我們提高警覺，卻不會相互殺戮，那上面的人，在格蘭迪艾拉那邊，簡直比藍蚊子還壞。」

5.

路上，光芒刺眼。風自下方吹起，捲起漩渦，所有人及其他一切因而罩上一層紅土。

當地人痛恨蝙蝠。夜晚，蝙蝠從洞裡出來，直直撲落到咖啡上。它們咬傷麥穗，吸吮汁液。麥子因此乾枯而死。

6.

大海上方的峭壁是上帕塔納（Patana），腳下對著礁石的則是下帕塔納。那裡所有人都姓莫斯克達（Mosqueda）。

尊敬的塞西略（Cecilio）說：「我有天晚上數了數，從兒子到孫子，大概有三百人。家裡已經沒有女人了。我快八十七歲。以前在那下面養山羊、牲口和豬。現在看樣子，種咖啡種出了

運氣。我捕過魚嗎？捕過魚或犯過罪？我還記得嗎？」

他朝我們擠擠眼：

「有些東西留下了。留在記憶裡，留在血脈裡。」

他笑了起來，露出缺牙的牙齦，並補充道：

「莫斯克達是人數最多的姓，一直在翻倍。」

我們渴了，尊敬的塞西略‧莫斯克達從搖椅上一躍而起。

「我爬上去。」他說。

他的一個孫子（或重孫）布勞略（Braulio）攙住他的手臂要他坐下。

布勞略用腳緊夾住樹幹爬上一棵高樹。他在樹枝間取得平衡，手握大彎刀。一陣椰子雨落了下來。

尊敬的塞西略對錄音機很好奇。我向他展示怎麼操作。

「這台小玩意是真正的科學，」他表示，「因為它能保存死人的聲音。」

他輕撫下巴。食指指向錄音機說：「我想請你把它放在那兒。」邊說邊搖擺身體，同時閉上眼睛。

布勞略是家族蝸牛採集隊的領隊。家族蝸牛採集人由孫子輩和重孫輩組成，日夜輪班。只是他們一不留神，尊敬的塞西略便會騎馬逃走，一路馳騁穿過雨林，破曉便能到達巴拉科亞，到那裡向一個令他癡狂的女孩大獻殷勤，或者他會一路走

上位於丘地的蒙特克里斯托（Montecristo），那可是一段不算近的路程，為一個令他輾轉難眠的女孩吟唱小夜曲。

尊敬的塞西略並不反對革命。

「以前人們彼此孤立，像反叛分子般難以掌握。如今文化有了交流。」他解釋道。

他發現收音機。家裡的鸚鵡因而學會唱一首披頭四的歌，尊敬的塞西略也因此得知發生在哈瓦那的一些事。

「我不喜歡海灘。幾乎沒有去過。但是我聽說，哈瓦那有一樣叫比基尼的，女人們春光外洩。然後，事情就發生了。難道你的女人不應該只有你能觀賞嗎？不是只有你能幫她嗎？我是那種喜歡規矩的男人，所有的胡鬧都是從海灘和舞會上開始的。我的女人要怎麼穿衣服？從頭上穿，小伙子，脫的時候從腳下脫。」

他也很關心離婚的議題。他聽說很多人離婚，而且人們並不把離婚當一回事。

「但是，尊敬的塞西略，」塞爾希奧插嘴問道，「您真的有過四十幾個女人嗎？」

「四十九個。」塞西略承認道，「但我從未結婚。一旦結婚，你就輸了。」

我們想接著套他的話，但是尊敬的塞西略絕口不提他的寶

藏。這裡所有人都知道他有一份寶藏埋在某個山洞裡 。

7.

我們前往一座稱作「機器」的小村莊。

卡車沿路停下載客。大家都要前往集會場所。

「普拉西多（Plácido），上來，走吧！普拉西多，你逃不了的！」

「他們又沒通知我！」

等車的人無不特地梳洗一番、穿著整燙過的衣服，老婦人戴著繽紛的帽子，女孩則一身赴宴洋裝，男人全被新鞋磨得一瘸一拐。上車後，沿途的灰塵立刻籠罩所有人的皮膚和衣服，大家不得不閉上眼睛：他們藉由聲音辨識彼此。

「尊敬的塞西略？他可是個遠古老頭。一百多歲了。」

「他到死也不會說出寶藏埋在哪裡。沒有人會為他禱告。」

「奧爾米蒂亞（Ormidia），你覺得呢？」

「他會不得安息，伊賴達（Iraida）。」

「怎麼安息得了啊。那麼多罪過，還有那麼重的土蓋在上面。」

「我身上很多土嗎？」

「我看不到你，烏爾比諾（Urbino）。」

「剛好夠用。沒有多餘的。」

「阿爾孔尼達（Arcónida），沒人問你。」

卡車一路顛簸。樹枝打在我們臉上，各色蝸牛從樹上掉了下來。一陣顛簸中，我往口袋裡塞進一把蝸牛。

「別害怕，還沒到世界末日！」

「世界才正要開始，烏爾比諾！」

同行的還有幾個孩子、兩隻狗和一隻鸚鵡。每個人盡可能緊抓著什麼。我則緊握一條水管。

引擎不時熄火，我們就得下車幫忙推。

烏爾比諾說：「除了滾蛋，大家什麼都選我。」

離目的地還很遠，車子竟然爆胎。

「沒辦法修了，它死了。」

於是，大家浩浩蕩蕩地步行上路。

剩下最後一段上坡路段而已。

男人女人、小孩動物，邊唱歌邊爬上山坡。

「我的聲音飛起來了，聽見了嗎？我的肺有多大！」

汗水和灰塵使得所有人黏呼呼的，他們開懷的向夏日的陽光宣戰，下午三點的太陽，毫不留情地懲罰所有人。

我死的那一天
誰會記得我？
只有那只
我飲水的壺。

跛腳的烏爾比諾一路抓著我的襯衫往前走。

他說：「我唱我所明白的，我不虧欠這個世界，也不恐懼。你知道這個曲調嗎？這是我們特有的，稱為內襲（Nengón）。屬於帕塔納的旋律。不過是下帕塔納的。用沙鈴響演奏。還有四弦吉他，也是我們這裡的產物。在帕塔納這種荒山中，我們必須自行開發。」

棕櫚樹頂在熾白的熱度下燃燒：一抬起頭便覺暈眩。我心想：這時候要是來一杯冰涼的啤酒簡直像輸血。

「這裡發生了一萬件斐代爾永遠不會知道的事。」烏爾比諾說，「你到哈瓦那，告訴他們，記得送來那些說好的東西。可別忘了，嗯？」

他為自己的木作坊購置一台發電機。他先前諮詢過，聽說買了這台發電機除了可以為全村人製作家具，還能讓全村有電燈可用。可惜發電機從未發揮作用，全村的人無不嘲笑他：「這

就是一堆廢鐵，烏爾比諾，這發電機不過是一場騙局，你中計了啦。」

「就算沒有這台發電機，我們仍在黑暗裡。明白嗎？你去告訴斐代爾，寄東西過來。就是能讓它運作的東西，所有應該要填在裡面的東西。」

過了山坡我們看見最前面幾間木造屋。幾頭野牛穿過道路狂奔而去。香蕉樹上掛著飽滿的紫色花苞，即將盛開。我停下來等一名老婦，她一身綠色長洋裝拖曳而行。

「我年輕的時候能飛。」她對我說，「現在不行了。」

整個格蘭迪艾拉的居民都在這場集會裡。沒人抱怨，歌曲一首接一首，直到一名高顴骨、面容堅毅的金髮農民發言，他提起組織和任務。他是這個地區地位最高的農業機械化技術員。

然後，他請我和塞爾希奧享用炸香蕉。

他二十五歲才學習讀書、寫字。

8.

我們採集了一大堆鮮豔的蝸牛。一個一個用針掏空，放在太陽底下曬乾。這些微型奇觀著實令我感到驚喜，如此微妙，設計、顏色各不相同。樹幹以及寬大的香蕉葉下是牠們的居

所。每隻蝸牛為自己的房子上色，其作品更勝於畢卡索和米羅。

我在帕塔納得到一隻罕見的蝸牛作為禮物。牠叫艾爾米塔尼奧（Ermitaño），意為隱士。我費了很大的功夫才掏空牠。這隻蝸牛躲在珍珠色的螺旋狀蝸牛殼的裡邊，即便死了，也拒絕出來。艾爾米塔尼奧散發出極其噁心的氣味，卻有著罕見的美。銅色凹紋的外殼呈現出馬來人的匕首的形狀，看起來不像陀螺那般一逕圓胖地旋轉，反而像是即將展開飛翔。

9.

奧雷利奧（Aurelio）告訴我們別人警告他：「別去帕塔納。他們把人燒死，再偷偷埋起來。而且，帕塔納人走路快得像鬼。」

我們當時在拉亞松森（La Asunción）[192]。奧雷利奧整天陪我們四處走。晚上他也不睡，留下來陪我們，直到有人在樓下吹三聲口哨，奧雷利奧便從窗戶跳了下去，消失在枝葉裡。過一會兒，他就回來了。在自己的床上抽菸到天明。

---

192 拉亞松森：委內瑞拉北部城市，位於加勒比海瑪加麗塔島（Margarita）。

「奧雷利奧，你著魔了。」塞爾希奧對他說。

他會在夜裡任何時間敲我們的門。

他害怕噩夢。他集中思緒想像圓圈裡的一個點，等到總算睡著時，會出現一支巨大的釘子紮進他的胸膛，或者一塊巨大的磁鐵迫使他無法擺脫，或者一塊鐵製活塞將他壓在牆面上、擠斷脊椎。

奧雷利奧曾經從軍，擔任七年職等的炮兵。

「他們要我退伍。我求他們再等等。我仍堅持，是因為我喜歡。」

他曾經試圖前往委內瑞拉參加戰鬥。他和其他幾名申請到獎學金的男孩途中被抓了回來。斐代爾告訴他們，他們還年輕，最好去上學。

「我搭乘小飛機前去格蘭迪艾拉時，我想像自己身負任務。我在委內瑞拉和玻利維亞當過郵遞員。警察在機場等著我。我從一列火車車頂上逃脫。」

10.

有天清晨，我們在村口遇見奧雷利奧。他一手拿著乾草叉，一手拿著大彎刀。他向我們解釋，他剛去砍蛇。他在岩石

縫和灌木叢裡找到蛇，便立刻一刀砍下牠們的頭並斷骨。

他向我們展示大彎刀，那是從他父親手中傳承下來的。

「有一次，在卡馬圭（Camagüey）[193]，海地人馬蒂亞斯曾從我身邊拿走這把刀。不是強奪。他們很懂這一套。當時，我舉起大彎刀對他說：『看好了，我要教訓你了。』老馬蒂亞斯碰都沒碰我。他雙臂抱攏，再鬆開，我根本不知道怎麼一回事，我像瞎了一樣，大彎刀已經被他握在手中了。」

酒館裡進來一群女孩。

「蝸牛殼是做什麼的？」其中一個問，「是你的嗎，小棕髮？」

只見奧雷利奧一陣臉紅。

塞爾希奧悄聲推薦：

「那個瘦的夠味。」

女孩們討論了起來：

「各種顏色是為了不同的品味。」

「穿衣風格沒什麼參考價值。這和一個人的性格沒有關係。」

---

193 卡馬圭：古巴中部同名省首府，該國第三大城市。

「是嗎？那最好的婚紗便是肌膚本身。」

「女人一輩子就只結婚一次。」

「那要是最後發現那個男人是個笨蛋呢？你得跟他住在一起，才能知道。」

「納爾達（Narda），說說看。這裡有個人說為了戀愛必須……」

「反正我的道德標準比圖爾基諾峰（El Pico Turquino）[194] 還高。」

「我的天哪！看來我們這裡坐著一個老派，我真受不了。」

那個瘦女孩叫畢斯馬尼亞（Bismania）——當她再也無法喜歡原來的名字時，她因而另取此名。

11.

附近有一群建築軍旅正在砌牆。我們主動要求幫忙。

「那群女孩，我一個都不喜歡。」奧雷利奧說。

我們一直忙到傍晚。我們三人一身泛白的石灰和乾硬的水

---

194 圖爾基諾峰：古巴東南部馬埃斯特臘山脈（Maestra）山峰，海拔2005公尺，為該國最高峰。

泥。

　　奧雷利奧向我們坦白，他是追隨一個女孩而來到格蘭迪艾拉。她在哈瓦那就學期間，兩人相識。如今，她被鎖在家中。每天晚上在窗下吹口哨的人正是她派來的傳信人。她藉此在樹枝間和他短暫相會。

　　沒想到那天晚上，沒人吹口哨。奧雷利奧也沒來敲門。

　　第二天，我們沒看見他。

　　我們問起他時，他已經飛回哈瓦那了。

　　「他想搶走那個女孩，」他們說，「他的父親派人來找他。」

　　奧雷利奧的父親可是上尉，衣服肩線上可見三條槓。

　　富爾亨西奧・巴蒂斯塔（Fulgencio Batista）[195]搭乘飛機逃亡後四天，六歲的奧雷利奧在巴拉科亞海灘上看見一名高大的男人走了過來，鬍子長到胸口，身穿橄欖色軍裝。

　　「快看，」母親對他說，「那是爸爸。」

　　奧雷利奧飛奔過去。高大的男人一把將他舉起。

---

195 富爾亨西奧・巴蒂斯塔為古巴軍事獨裁者，曾於1940-44年任古巴總統，其後又發動軍事政變於1952年再次奪權，成為古巴最高領導人，並引起卡斯楚等人反抗。後者並於1959年將巴蒂斯塔驅逐出境，史稱「古巴革命」。

「別哭，」他對他說，「別哭。」

消息

來自烏拉圭。

一個來自薩爾托（Salto）[196]的女孩慘遭折磨致死。另一名囚犯自殺身亡。

該囚犯在自由監獄關了三年。有一天，他舉止反常，也許只是看上去不自然，或者某個看守人心情不好，總之他被送進懲戒室。他們稱此處「孤島」：與世隔絕、挨餓、窒息，島上的囚犯不是割腕，就是發瘋。這名囚犯在懲戒室待了一個月後上吊自殺。

這樣的消息可謂日常，卻有一處細節引起我的注意。這個囚犯名叫何塞·阿蒂加斯。

196 薩爾托：烏拉圭西北部同名省首府。

街道之戰，靈魂之戰

我們有能力學會謙遜和耐心嗎？

我是這個世界，可惜是相當微小的世界。一個人的時間並不是歷史的時間，儘管不得不承認，人原本希望如此。

系統

我想起五、六年前米格爾・利汀（Miguel Littín）[197]告訴我的事。他去蘭基爾（Ranquil）山谷拍《應許之地》（*La tierra prometida*），那是智利的一處窮鄉僻壤。

---

197 《應許之地》完成於1973年，約在此時，米格爾・利汀展開流亡生活。他是智利最重要的導演之一，以《納胡爾托羅的豺狼》（*El Chacal de Nahueltoro*）響譽國際。編導約十八部影片，據阿萊霍・卡本迪爾同名小說改編的《方法的根源》（*El Recurso del Método*），祕密回國拍攝的紀錄長片《智利》（*Acta general de Chile*）最引人矚目；賈西亞・馬奎斯據後者拍攝過程完成紀實作品《智利祕密行動》（*La aventura de Miguel Littín clandestino en Chile*）。有兩部作品取材自薩爾瓦多・阿言德生平，包括紀錄片《總統同志》（*Compañero Presidente*）和故事片《迷宮中的阿言德》（*Allende en su laberinto*）。

當地農民為電影的大場面擔綱群眾演員。部分農民演出自己，另一部分扮演士兵。士兵入侵山谷，以血與火強奪農民的土地。電影記錄的，便是這場屠殺。

第三天，問題出現了。著軍裝的農民騎在馬背上，恣意發射空包彈，他們專斷、殘暴，每天拍攝結束後，仍繼續騷擾其他農民。

街道之戰，靈魂之戰

我當過多少次獨裁者？多少次審判官？審查員？典獄長？我曾禁止我最愛的自由和文字多少回？我當過多少人的主人？我定過多少人的罪，只因為他們犯下不成為我的罪行？難道將他人視為私有不比對東西視為私有更令人厭惡？我利用過多少我以為處於這個消費社會邊緣的人？當我高聲咒罵成功價值之際，難道內心深處沒有隱隱希望或慶幸別人的失敗？誰不在心中重建這個造就他的世界？誰能免於混淆兄弟與敵人？免於混淆他愛的女人和他自己的陰影？

街道之戰，靈魂之戰

寫作，有意義嗎？這個問題沉沉墜在我的手上。

文字的關卡、火化文字、文字的墓園聚集起來。為了屈從於一種不屬於我們的生活，我們不得不將別人的記憶權充為我們自己的記憶。戴上面具的現實，勝利者講述的歷史：也許寫作只是在無恥的時代嘗試挽救未來的證言，那聲音將證明我們曾經存在於此、我們曾經這樣活著。一種為那些我們尚不認識的人保存「每樣東西的名字」的方式。那些不知道自己從何處來的人，如何明白該往何處去？

藝術史入門

我和妮科爾（Nicole）、阿杜姆共進晚餐。

妮科爾說起她認識的一名雕刻家，一個才華橫溢、小有名氣的男人。他在一間相當寬敞的工作坊裡創作，身邊總是圍著許多孩子。附近的孩子都是他的朋友。

有一天，市長辦公室委託他為市鎮廣場創作一匹駿馬。卡

車送來一塊巨大的花崗岩。雕刻家著手作業，他攀上梯子，持續敲擊、雕琢。孩子們仰望著他工作。

之後，孩子們分別前往山區或海邊度假。

等到他們回來，雕刻家向他們展示完工的駿馬。

其中一個孩子睜大眼睛問他：

「可是……你一開始怎麼知道這塊石頭裡有一匹馬？」

消息

來自阿根廷。

路易士‧薩比尼已獲救，可以離境。他失蹤於1975年年底，一個月後，我們得知他被關進監獄。阿羅多‧孔蒂則無消無息。那些人到胡安‧赫爾曼位於布宜諾斯艾利斯家中搜捕。由於他不在，便抓走他的兒女。女兒幾天後被釋放出來。兒子卻再無音信。警察說，他們沒抓他；軍政府的回答也一樣。胡安本來要當爺爺了，但身懷六甲的兒媳也失蹤了。從拉里奧哈（La Rioja）[198]提供我們文章的卡喬‧保萊蒂（Cacho Paoletti）被酷刑折磨，目前仍在獄中。

其他在《危機》上發表過文章的作家：帕科・烏隆多（Paco
Urondo）[199] 很久以前在門多薩中彈身亡；安東尼奧・迪・貝
內代托（Antonio Di Benedetto）[200] 被捕入獄；魯道夫・沃爾什
（Rodolfo Walsh）[201] 失蹤。被押前夜，魯道夫寄出一封檢舉信，
告發三A聯盟如今已是三股武裝力量，是「恐怖源頭本身，已
然失去方向，只知道發表關於死亡的謬論」。

198 拉里奧哈：阿根廷西北部同名省首府。
199 即法蘭西斯科・烏隆多（Francisco Urondo），阿根廷記者、詩人，左翼裴隆主義者
　　團體游擊隊員派（Montoneros）成員。以對特雷利烏慘案倖存者的採訪（La Patria
　　Fusilada, 1973）聞名。著有批評隨筆《阿根廷詩歌二十年》（*Veinte años de poesía*
　　argentina）等。1976年6月17日死於阿根廷西部門多薩省首府門多薩。
200 安東尼奧・迪・貝內代托：阿根廷作家，於1976年軍事政變中被遭逮捕，一年後
　　獲釋，流亡西班牙，1984年歸國。
201 魯道夫・沃爾什：阿根廷記者、作家，為游擊隊員派成員，1977年3月25日失蹤。
　　據稱他在被綁架時有所反抗。在深度新聞調查的基礎上所創作的非虛構小說《屠
　　殺行動》（*Operación Masacre*）是他最重要的作品之一，被認為是拉丁美洲證言小
　　說（novela testimonio）的開創之作。後文提到的信題為〈一位作家致軍事集團的公
　　開信〉（Carta abierta de un escritor a la Junta Militar）。

夢境

你要火，只是火柴點不著。沒有一根火柴能劃出火。所有的火柴不是斷頭就是受潮。

卡萊利亞－德拉科斯塔（Calella de la Costa）[202]，1977年6月：為了每天創造世界

我們聊天、吃飯、抽菸、走路、一起工作，這些都是不進入對方身體的做愛方式，而我們的身體在從白天走向晚上的旅途中呼喚著彼此。

我們聽到末班列車呼嘯而過。教堂鐘聲響起。午夜了。

我們自己的小火車緩緩滑動，飛了起來，帶你漫步雲端，走過不同的世界，然後早晨降臨，一陣香味預示著美味、剛煮好的新鮮咖啡。你的臉龐折射出潔淨的光芒，身體則散發出愛

---

202 卡萊利亞－德拉科斯塔：西班牙東北部濱海小鎮，屬巴賽隆納省（Barcelona）。愛德華多・加萊亞諾和埃倫娜・比利亞格拉流亡西班牙期間的居住地。

的滋潤。

　　一天開始。

　　我們細數著分隔我倆的白天還有幾個小時才會結束。然後，我們會做愛，悲傷至死。

若你仔細聆聽，我們創作的，正是一首旋律

　　我穿過蕨草叢生的原野走到河邊。

　　那是一個光線純淨的早晨。輕柔的微風吹拂。石造屋的煙囪裡飄出起伏的卷煙。鴨子在水面上悠游。一葉白帆滑過樹林間。

　　那日早晨，我的身體和微風、青煙、鴨子、白帆有著同樣的韻律。

街道之戰，靈魂之戰

我追趕那道命令我保持悲傷的惡意聲音。那道聲音不時令我備感快樂是高度背叛的罪行，而我錯在擁有繼續活著以及人身自由的特權。

於是我想起在祕魯時，灰爾卡（Huillca）酋長在廢墟遺跡前所說的話。「他們來到這裡。連石頭也砸碎了。他們想讓我們消失。但是他們沒成功，因為我們還活著，這是最重要的。」我覺得灰爾卡是對的。活著：一場小勝利。活著，或者說，僅管經過那麼多告別、目睹那麼多罪行，若還有能力快樂，流亡才足以成為另一個可能的證明——證明國家的存在。

我們不能用狗屎磚頭重建祖國。萬一回國之際，我們都已破碎，那還有什麼意義？

快樂比悲傷需要更多勇氣。畢竟，我們已經習慣悲傷。

卡萊利亞－德拉科斯塔，1977年7月：市場

你曾教我，汁液可以將人溺死在甜蜜裡，胖碩的李子要閉

上眼睛享用，而果肉緊致紅潤的甜菜根，享用時，則要直視它。

你喜歡撫摸桃子，用小刀褪去果皮，你喜歡外表暗沉的蘋果，如此妳才可以親手搓揉出光澤。

檸檬令你尊敬，柳丁逗你笑。成堆的蘿蔔最親切，身披中世紀鎧甲的鳳梨最是滑稽。

籃子裡的番茄和辣椒像是生來便是為了露出肚皮曬太陽，同時感覺得到鮮亮及慵懶，其實番茄生命的開始，在於和奧勒岡葉、鹽和油攪拌在一起的那一刻，而辣椒則要等到燒紅的火爐帶出它明亮的紅，我們的口欲渴望大口吞下之際，才算找到自己的命運。

香料在市場上組成另一個世界。它們微小，卻充滿力量。所有肉類——牛肉、魚肉、豬肉、羊肉——碰上香料後在在令人興奮且鮮美多汁。我們心知肚明，一旦沒有香料，我們都不算生在美洲，我們的餐桌和夢也會缺少魔力。畢竟，激勵哥倫布和水手辛巴達前進的，正是那些香料。

月桂葉在你手中優雅地碎裂，輕柔地落在烤肉或義大利餃上。你著迷於迷迭香、馬鞭草、豆蔻、羅勒和肉桂，從來也不清楚到底是因為香氣、口味或是名稱。而巴西里做為窮人的香料比所有其他香料多一個優勢：唯有它撒在盤子裡時，仍保持鮮嫩欲滴的綠色。

儀式進行中，我們和她一樣變得有點神聖

我打開紅酒。在布宜諾斯艾利斯，是黑色大肚瓶裝的聖費利佩勃艮第。在這裡，是托雷斯酒莊的公牛之血。

我斟酒後，留在杯子裡醒酒。我們嗅聞酒的香氣，觀賞其色澤在燭光下發亮。

而餐桌下，我們的腿尋找彼此，糾纏在一起。

酒杯親吻。紅酒很滿意我們的喜悅。好酒瞧不起醉鬼，在不值得的人嘴裡會變酸。

醬汁在陶鍋裡燉煮，正沸騰著，稠濃淡紅的醬汁緩緩溢出：我們慢慢享用，取悅自己，從容不迫地聊天。

獨自一人用餐是身體需求。和妳一起用餐，則是一場彌撒、一抹笑意。

消息

來自烏拉圭。

《前進》的合集和檔案全被焚毀。

他們覺得光是關閉雜誌社還不夠。

《前進》活了三十五年。每一週，只要這本雜誌仍繼續發刊，便表明不出賣自己是可能的。

雜誌永遠的主編卡洛斯・基哈諾（Carlos Quijano）如今人在墨西哥。他差點沒逃出來。

當時，《前進》不在了以後，基哈諾堅持留下來，彷彿為它守靈。他依平常的時間來到編輯部，坐在桌前，一直待到傍晚，猶如忠實的鬼魂守衛空蕩的城堡：閱讀幾封遲來的信件、接聽打錯的電話。

系統

滅絕計畫：除草，將所有活著的植物連根拔掉，在土地上灌溉鹽水。

接著，扼殺對草的記憶。若想控制意識，那就刪除意識；若想刪除意識，那就清空它的過去。清除所有證據：那些此地曾存在過的一切事實，除了沉默、監獄和墳墓。

嚴禁回憶。

囚犯被組織成勞動隊。強迫他們每天晚上用白色塗料遮蓋城市牆上另一個時代寫下的抗議標語。

滂沱大雨沖刷牆面，白色塗料漸漸溶解。那些激烈固執的話語又一點一點再次浮現。

消息

來自阿根廷。

下午五點，火焰淨化儀式。在科爾多瓦第三特遣隊第十四團軍營的營地裡，「火化這份致命的檔案，捍衛我們最傳統的精神財富：上帝、祖國和家園」。

他們把一本又一本的書籍扔進火裡。從遠方便能目睹滾滾濃煙。

在十年被迫沉默之後，《這裡》（*Aqui*）週刊於蒙得維的亞發表了這篇採訪。那天是 1984 年 3 月 27 日。丹尼爾‧卡瓦列羅（Daniel Cabalero）在電話提出這些問題。加萊亞諾從他在西班牙巴賽隆納省卡萊利亞小鎮的家中作答。

此前漫長的時間裡，沒有任何一家烏拉圭刊物提過他的名字。他所有的書在祖國皆被列為禁書。

守護文字
離開布宜諾斯艾利斯，1976 年6月

1.

　　一個人寫作，是出於和他人溝通及親密相談的需要，去譴責帶來痛苦的一切，分享帶來快樂的一切。一個人用寫作來對抗自己的寂寞，也對抗他人的寂寞。一個人認為文學能傳遞知識，並影響讀者的語言和行為，藉此讓我們更了解自己，讓每個人都能拯救自己。但「他人」這詞過於模糊，而在危急的年代、關鍵的年代，模糊和謊言相去無幾。一個人寫作，實際上，是為了那些他感同身受的人們，他們的幸運或悲慘——挨餓的人、夜不成眠的人、這地球上邪惡的人，而這些人大部分都不識字。而在識字的少數人當中，有多少買得起幾本書？宣稱一個人是為了那隨口說出而空泛的「大眾」來寫作，能化解這樣的矛盾嗎？

2.

　　我們並非生在月球，也不住在極樂世界。我們幸運也不幸

地屬於世上一個痛苦之地──拉丁美洲；我們生在一個壓迫自四面八方而來的歷史年代。在這裡，階級社會的矛盾比富有國家來得嚴重。巨大的悲慘正是貧窮國家付出的代價，來讓世界上百分之六的人口，拿著百分之五十的財富無憂無慮地到處揮霍。那道深淵，某些人的幸福和其他人的悲慘之間的距離，在拉丁美洲更加巨大，而用來維持這段距離的方法更加野蠻。

在古老的土地和採礦制度上，強迫發展受限而依賴性強的工業，卻未對前者的扭曲變形作出調整，反而加劇社會矛盾。傳統政客的技倆──誘迫和詐取的專家，今天都已不合時宜。能獲取特許權，因此容易操縱人民的民粹主義遊戲，在某些案例中已無法運作，而在其他案例中顯然是把危險的雙面刃。領導階級和國家因此訴諸壓迫性的手段。一個越來越像集中營的社會體制，還能用什麼方式存活呢？沒有帶刺鐵絲網，又如何把越來越多的、不幸的大眾留在體制內？直到這個體制發現自己深受不斷惡化的失業和貧窮威脅，深受到隨之而來的社會及政治壓力逼迫，才漸漸沒有了打腫臉充胖子的空間：在世界的邊緣，這個體制露出了真面目。

為何不正視今日壓迫多數國家的獨裁政權，其中留存的一點誠意呢？在危急的年代，自由企業代表的是剝奪人們的自由。拉丁美洲的科學家移居他國，實驗室和大學經費短缺，工

業技術永遠都來自國外且成本高昂，但為何不正視發展恐怖科技的過程中，存在的一點創意呢？拉丁美洲在研發刑求手段、扼殺點子和人命、要人民閉上嘴巴、散播無力感和種下恐懼的種子方面，都有激勵全球的貢獻。

我們這些想要塑造一種文學，來為那些噤聲的人們發聲的人，在這樣的現實情境下該怎麼做？我們能否在這個死寂的文化中，讓自己的聲音被聽見？承讓給作家的微小自由，有時是否證明了我們的失敗？我們能走多遠？我們能觸及何人？

一個神聖的任務，宣示正義和自由世界即將到來；一種高貴的使命，拒絕帶來飢餓、宛如牢籠的體制──可見也不可見。但還要走幾里路才看得見岸邊？那些掌權者還會給我們多少時間？

3.

由各類社會政治政體強加的直接言論審查、禁止使其蒙羞或對其造成威脅的報章雜誌，以及針對作家或記者的放逐、監禁或謀殺，一直以來都有討論的聲浪。然而間接的言論審查以更不易察覺的方式運作著，看不見並不代表它不存在。人們鮮少談論，但正是此事定義了整個體制壓迫且排他的特性，使多

數拉丁美洲國家深受其害。這個未曾搬上檯面的機制有什麼樣
的特質？它根植於「海上無水，舟不能行」的簡單道理；如果
拉丁美洲的人口中只有百分之五買得起冰箱，那有百分之幾買
得起書本？又有百分之幾讀得懂、覺得自己需要，還能吸收它
們的影響力呢？

　　拉丁美洲的作家是文化產業中的低薪勞動者，服務高教育
程度菁英的消費需求；他們來自少數，也為少數而寫。對於作
品內容包庇社會不平等和主流意識形態的那群作家，和試圖打
破現狀的另一群作家，客觀條件皆是如此。我們深深為現實環
境中的遊戲規則所限制。現行的社會秩序扭曲，甚至消滅了泱
泱大眾的創造力，更削減了創造的可能──自古以來人類對痛
苦和死亡必然性的反應，使得「創造」局限於某些專家的專業
行為。我們這群「專家」在拉丁美洲占得上多少份量呢？我們
為誰而寫，又有誰看得到？我們真正的「大眾」在哪裡？（別
去相信掌聲，有時那些人恭喜我們，是覺得我們無毒無害。）

4.

　　一個人用寫作來讓死亡轉向，來牽制在我們身上徘徊不去
的鬼魂。但一個人的作品要在歷史上有所作用，就必須多少和

大眾的需要吻合，才能反映其身分。我認為這正是寫作者想要
的。藉著說出「這就是我的身分」來揭示自己，作家能幫助其
他人意識到自己的身分。作為揭示集體身分的一種方式，藝術
應該被視為首要的必需品，而非奢侈品。但在拉丁美洲，泱泱
大眾接觸藝術和文化產品的管道卻遭到封殺。

對於那些身分因著接二連三的文化征服而粉碎的人們，以
及那些無情剝削他人、使全球資本主義機器能夠運作的人們，
這個體制創造出一種「大眾文化」。用「針對大眾的文化」更
能準確地描述這種大眾媒體上的劣質藝術，它操縱意識、掩蓋
現實，並僵化人們的想像力。它理所當然不具揭示身分的功
能，反而是種消除或扭曲身分的工具，以便強加在大眾媒體
上廣泛散播的生活方式或消費形態。主導階級的文化被稱為
「國家文化」；這種文化全是「進口」的，並將自己局限至拙劣
而粗野地模仿所謂「普世文化」，使眾人將之與「先進國家文
化」混為一談。在這個多國市場和跨國企業的時代，經濟和文
化（此指「大眾文化」）都已國際化，各國的快速發展和大眾
媒體的興盛是主要原因。那些權力核心不只對我們出口機械和
專利，也對我們出口意識形態。如果在拉丁美洲僅有少數人能
在物質上得到享受，就代表大多數人必須寄託於幻想的消費。
富裕的幻象賣給了窮人，自由的幻象賣給了受壓迫者，勝利的

夢想賣給了失敗者，權力的夢想賣給了弱勢者。一個人不必識字，就能擷取電視、收音機和電影上吸引人的種種符號，這些符號賣力地合理化世界上的不平等結構。

為了維持這些土地上的現狀，儘管每分鐘都有一個孩子死於疾病或飢餓，我們仍須透過那些壓迫者的眼睛來檢視自己。被訓練過的人們將這種秩序視為自然，因此永恆不變；體制與祖國被視為一體，因此政權的仇敵進一步成為叛徒或外國特務。叢林法則就是體制內的鐵律，因此失敗的人們便會將他們的狀況視為命運；藉由否定過去，拉丁美洲在歷史上衰敗的真正原因被完全忽略——拉丁美洲，它的貧窮總是餵飽了他國富豪的口袋。在大大小小的電視銀幕上，「最厲害的人」總是勝出，而「最厲害的人」總是最強壯的那個。鋪張浪費、炫才炫富和罔顧道義的行為，招來的不是嫌惡而是仰慕；一切事物都能買賣、租賃和消費，連靈魂也不例外。香菸、汽車、威士忌或手錶都被賦予了魔力：它們可以讓我們有個性，它們可以引領我們走向成功和幸福。外國英雄和偶像的數量激增，與對名牌和富有國家時尚的盲目崇拜同時並進。地方上的漫畫小說和肥皂劇在虛偽的修羅場中無限放映，對每個國家實際的政治和社會問題漠不關心，而進口的連續劇把西方新教式的民主，和著暴力和番茄醬汁一起販賣。

5.

在這些年輕人的土地上——年輕人的數量不斷增長，卻找不到工作——時間的炸彈滴答作響，讓他們必須睜著一隻眼睛睡覺。文化離間的各種措施——毒害及閹割人們的機制，益加舉足輕重。使人們意識不孕的種種手段付諸實踐，比生育控制政策的成效高出太多。

殖民人們意識最好的方法就是壓制它，道理如同前述。虛假反文化的輸入，無論蓄意與否，都在一些拉丁美洲國家的年輕世代間得到越來越多的迴響，而舉足輕重。這些沒能提供參政選項的國家——因為它們的結構已然固定，或壓制人民的機制已然成形——便是所謂「抗議文化」盛行的沃土。這種文化源自國外，是享樂與浪費的副產品，以所有社會階層的人們為目標，脫胎自吸血蟲階級欺騙式的反保守主義。

歐美六〇年代「覺青」的習俗和象徵本是對僵化的消費主義的反動，到了拉丁美洲卻變成生產線上的商品。一件件印著炫目圖案的上衣被到處兜售，加上一些激勵的話語，要人們「解放自己」；音樂、海報、髮型、服飾等種種複製的審美樣板，如吸毒的幻覺般成為第三世界市場上最大宗的商品。伴隨著上頭豔麗引人的符號，它們給了想要逃離地獄的年輕人，一張張

通往地獄的門票。為了前往極樂世界，新的一代被鼓勵揚棄自己痛苦的過去。藉由加入這樣的「吸毒文化」，有些拉丁美洲的年輕人的確產生了幻覺，以為自己和其他大都會的年輕人過得一樣好。

脫胎自工業化疏離社會對邊緣人群的排擠，這種虛假的反文化與我們對身分及命運的呼求無關；它給了無法移動的人們一場冒險；它創造了屈從、自我和溝通障礙；它保留了現狀卻改變了表面形象；它承諾給人無痛的愛和無需戰爭的和平。它甚至還把感官刺激轉化為消費品，與大眾媒體散播的「超級市場意識形態」完美吻合。就算對汽車和冰箱的崇拜還不夠平息一切耽慮，也至少能從地下的超級市場買來一絲平靜、激動和幸福。

6.

為了喚醒意識、揭露現實——文學能在這樣的時代和我們的這些土地上有更好的效用嗎？體制內的文化，現實的文化——取代了偽裝成了現實並麻痺了意識。不論他／她抗拒謊言和盲從主義意識形態的火燒得多旺，一個作家到底能做什麼呢？

如果社會組織自己的過程傾向把人類排除在外，而人際關係已被化約成競爭和消費的邪惡遊戲──孤立的個體利用並虐待彼此──書寫兄弟情誼和群眾團結的文學又能扮演什麼角色？我們已經走到提及任何事物就等同於譴責它們的境地：但是我們該寫給誰又為誰而寫？

7.

我們身為拉丁美洲作家的命運，與全盤社會改革的需求息息相關。敘事便是給出自己：文學是一種完全溝通的嘗試，顯然會如同先前，才剛開口就遭到阻撓，只要悲慘和不識字的問題存在，只要掌權者繼續透過大眾媒體的工具，執行他們的集體愚民政策。

我不同意有些人要求作家需有額外的自由，在其他工作者之中獨立出來。如果作家要跨越菁英們築成的堡壘，國家內部巨大的改變、深層的結構性改變是必須的；如果我們想要表達自己，想要免除各種可見和不可見的局限。在一個身陷囹圄的社會，自由文學只能以譴責和希望的身分存在。

於此同時，認為人類的創造潛能只能透過文化手段體現，只是種不切實際的想法──許久以前，人類總是伴著各種生存

和緊急狀況酣然入睡。在拉丁美洲，有多少才能還沒展露自己就被澆熄？又有多少作家和藝術家，從來沒有受到認可的機會？

8.

再者，一個民族的文化，有辦法在一個權力核心被外國大都會掌握的國家裡頭展露頭角嗎？

假若現狀如此，寫作還有意義嗎？文化沒有所謂的「零度」，就像歷史沒有所謂的「零度」。如果我們在任何社會發展的進程中發現一種無法避免的連續性，座落於專制獨裁的階段和自由解放的階段之間，為何要否定文學的重要性，以及它在探索、揭示、擴散我們真正和潛在的身分上可能扮演的角色呢？壓迫者只要一面鏡子在被壓迫者前呈現出它鍍銀的表面，而非反映任何事物。如果一群人不知道他們是誰，從何而來，什麼樣的改變才能喚醒他們？如果他們不知道自己是誰，又怎能知道自己該變成什麼模樣？文學難道不能直接或間接地啟發此事？

依我看來，一個作家能貢獻多少，很大一部分取決於他／她對國人的反應力──他們的起源、他們的興衰、他們的命運

和察覺心跳、聲音和旋律，以及越演越烈的反文化的能力。那
些被認為「野蠻」的事物通常涵括了其他文化的種子或果實，
與主流文化針鋒相對，與它的價值觀和措辭兩相違背。這些事
物總是被誤解為一種對菁英的「文化產物」，或對體制生產線
上的文化樣板的拙劣模仿。然而大眾的敘事經常比一部「專業」
小說來得更真實、更具意義；生命的脈動在某些佚名的民謠對
子中更有力地傳達出來，遠遠勝過用知識分子符碼寫成的許多
詩集。人們訴說他們苦難和希望的一千種直接證詞，比起那些
題為「為人民寫作的」書籍，來得美麗而真情流露。

　　我們真正的集體身分脫胎自過去，也受過去滋養而成——
我們的雙腳踏在前人踏過的土地上；我們的步伐早就被預見
過——但這樣的身分並不會冰封在懷舊之中。可以確定的是，
我們並不會在人類對習俗、衣著和古董的蓄意保存中，在那些
觀光客對被征服人民的號令當中，發現自己潛藏的面容。我們
的行為塑造了我們，特別是我們為了改變自己所做出的一切：
我們的身分存在於行動和努力當中。因此，「知道我們是誰」
的啟示，等同於譴責那些扼殺我們潛力的人。要定義自己，我
們的出發點是挑戰，以及克服障礙的過程。

　　一種生於危機和改變的文學，一種浸漬於時代的危險和事
件的文學，的確能創造嶄新現實的種種象徵；假若才華和勇氣

尚在，還能沿途指引我們的明路。去歌頌生於美洲的美麗和哀愁，並非徒然。

9.

　　印刷數量和銷售數據都無法精確衡量一本書的影響力。有些時候，一部作品帶來的影響比表面上重大許多；有些時候，它能回應——預先在數年前回應——大眾的問題和需要，如果作者已經知道該如何透過自我質疑和責難，體驗這些問題和需要。書寫源自作家受傷的意識，並投射到世界上；創作的行為是一種團結一致的行為，有時不會在創作者在世期間達成自己的使命。

10.

　　我不贊同有些作家，自詡擁有凡人沒有的特權，那些在大眾面前搥胸頓足，要人們憐憫他們一生無大志的人，所沒有的特權。沒有這麼高高在上，也沒有那麼卑賤。察覺自己的極限並不代表無能：文學，一種動作的形式，並不帶有超自然的力量，但作家若能透過文學作品讓有意義的人物或經驗存活下

來，他／她就能成為魔法師。

如果寫下來的東西被認真地閱讀，並在某些程度上改變或滋長了讀者的意識，一個作家就能確認他在改變的過程中所扮演的角色：並非憑著傲慢或虛偽的謙和，而是憑著在廣袤的事物中扮演好一個小角色的自覺。

我同意那些拒斥文字的人，便是與他們自己的影子，和無窮無盡的迷津進行獨白；而文字對我們來說獨具意義，因我們希望歌頌並分享一件確定的事：人類世界不是個污水坑。我們在尋找對話者，而非仰慕者；我們提供對話的機會，而非奇蹟。我們的寫作發自於與人接觸的欲望，讓讀者能夠涉入文字，並透過文字朝我們而來，文字則成為他們的預言和希望。

11.

宣稱文學本身能夠改變現實，是種瘋狂或傲慢的舉動。對我而言，去否定它能促進這種改變，似乎也一樣愚蠢。覺察我們的局限無疑是覺察我們的現實。在絕望和懷疑的迷霧之中，我們不可能看清並與之抗衡——帶著這些局限，並同時反抗它們。

就這方面而言，一種為了相信者而寫的「革命」文學，與

描寫個人狂喜的深思的保守文學，無異都是種棄置。有些人嘗
試用末世的語調塑造一種「終極」文學，對象是一群較小的受
眾，在閱讀之前就深信它要傳達的事物。不管這些作家聲稱自
己有多「革命性」，如果他們為了與自己同思同感的少數族群
寫作，如果他們能迎合那些少數族群的需求，這些作家冒著什
麼樣的風險？這樣一來，就不會有失敗的可能性，但成功的可
能也不復存在。如果寫作不是要藉著異議來挑戰體制強加的枷
鎖，又有什麼作用？

我們的成效取決於能否肆無忌憚而機敏靈巧、話語明晰而
引人入勝。我希望我們能創造一種更無畏、更美麗的語言，而
非如那些盲從主義的作家，書寫著薄暮的語言。

12.

但問題不只在於語言，也在於媒介。抗拒的文化總是把握
所有可能的渠道，不允許自己浪費任何表達機會或媒介的空
間。時間少之又少，挑戰迫在眉睫，任務無比艱鉅；對一位作
為改變社會一份子的拉丁美洲作家而言，書本的產製是前線上
多種努力的一部分。我們不把文學神化，視為中產文化不動的
一支。在地市場的敘事和報導、電視、電影、收音機劇本和流

行音樂並非較拙劣的小「文類」，一如鄙視它們的某些文學論述霸主所宣稱。在大眾媒體的離間機制中誕生的拉丁美洲反動報導文化打開了機會之窗，它們也是嘔心瀝血的創作，與優秀小說和短篇故事兩相比較時，也無須為他們的審美觀或影響力道歉。

13.

　　我相信我的職業；我相信我的工具。我不理解有些作家為何輕率地聲稱，在一個人們快要餓死的世界裡，書寫沒有任何意義。我亦不能理解那些把文字轉換成憤怒和盲目崇拜的人。文字是武器，他們能用來為善或作惡，而我們不能要刀劍去承擔一起犯罪的責任。

　　我認為拉美文學今天最根本的功能在於拯救文字，因為它們往往被濫用於阻擋或背叛溝通的過程，且不必付出任何代價。在我的國家，「自由」是政治犯牢獄的名字，而「民主」總是各個恐怖政權名字的一部分；「愛」這個字被拿來定義一個人和他汽車之間的關係；「革命」被用來描述一種新的清潔劑在你家廚房的作為；「光榮」是某種香皂在使用者身上製造出來的東西，而「快樂」是吃熱狗時帶來的興奮感。在許多拉

丁美洲國家，「一個和平的國家」代表「管理妥善的墓園」，而有時「健康的人」必須解讀成「無能的人」。

　　儘管迫害和審查制度存在，藉由寫作，我們能為我們的時代和人民提供證詞——為了現在也為了未來。一個人寫作宛如在吶喊：「我們在這裡，我們曾經在這裡；我們就是這樣；我們曾經是這樣。」在拉丁美洲，有一種文學正在成形、正在得力；有一種文學不會催眠它的讀者，而是喚醒他們；有一種文學不會埋葬已故的人們，而是使他們永垂不朽；有一種文學拒絕攪和著灰燼，而是嘗試點燃希望火光。這種文學是永恆的，這種文學強化了充滿戰意的文字的有力傳統。如果我們深信希望比懷舊來得好，也許這種發生中的文學早晚會得到社會力量的美善，早晚會劇烈地改變我們的歷史進程。也許它會幫助接下來的幾個世代保存詩人所說的——「一切事物真實的名字」。（本文由英文版翻譯，譯者陳湘陽）

譯後記：真正美好的事物

我自身也好，
身外世界也罷，
有沒有些「真正美好的
事物」呢？
哪怕是敵人也無妨，
無法觸及亦可，
我只求知曉它的存在。

——八木重吉

　　這是一本殘酷的書。在閱讀、翻譯、修改的十個月裡，我多次如鯁在喉無法自持，赤裸的歷史被他平鋪在面前，沒有任何冗雜的渲染，當現實比藝術所能設想的更加殘酷，連形容詞都顯得多餘。這是一本私人的書，加萊亞諾只是在這些長短不一的段落篇目裡「與自己的記憶對話」，而我像一個不小心撿到日記本的粗心人，毫無準備地打開一顆歷經滄桑的心。這是一本熱切的書，因為足夠清醒的作者目睹多少死亡，經歷多少告別，都沒有因此失去熱情。當強權機器試圖把每個人變成一

個沒有心的齒輪，他沒有被摧毀，也始終沒有被變成和「他們」一樣，沒有像接受冬天的寒冷一樣接受恐怖。

在他編年體的講述裡，一群烏拉圭人每週都有一天清早出發泅渡烏拉圭河，前往阿根廷朗讀在祖國被禁的《危機》雜誌；一個充當陷阱的女人愛上自己應逮捕的男人，眼裡籠著不尋常的陰影說「我懂得失去」；一個會在「我」笨手笨腳把卷菸熄滅之際，又挑起一塊火炭靠近的男人，曾經被埋進地底不見天日，扛過痛苦與暴力的考驗卻依然保持溫柔；舊年夜一個智利女人和一個巴西男人在遠離故土的地方分享巴黎火車的車廂以及悲傷；在烏拉圭一座監獄，囚犯們無法繼續朗讀古巴卡本迪爾的《光明世紀》，因為他們從中感受到海浪打在大船的龍骨上所發出的喧囂聲，看見破曉時分天空的脈搏；剛剛墜入愛河的女人和愛人在賽馬場輸光僅有的錢只能走路回家，卻體會到絕對的快樂，只想衝到街上，擁抱路人，喊出「我愛他，出生即是幸運」；一個律師一生中最快樂的時刻是藉口當庭對證，讓一對遭逮捕兩年遲遲無法相見的夫妻重聚：「我從沒見過那樣的擁吻」。

還有那些賁張著拉美大地血脈氣息的記憶：走進荒草叢生的小禮拜堂，在雲雀和小鷦鴒的喧囂中和上帝聊天再失去祂；從午睡裡逃脫，幾乎光著身子，縱身一躍抓住馬鬃飛奔，如雷

的馬蹄聲響，散發獸皮潮濕的氣味，汗水沸騰，屬於孩童時期的驚奇體驗；戰友中彈時，第一發子彈先打到自己的嘴，伏在他的屍首上卻沒有嘴唇可以親吻他；深夜寒冷裡和心愛的女人走在路上，月光混沌，樹冠搖曳出徐緩的波濤，世界在腳下溫柔地旋轉；一夥朋友在大馬路上正對著布宜諾斯艾利斯最大的軍營唱歌跳舞，轉得像陀螺，在地上打滾、跳高、高喊著生活多美好啊摔斷一隻腳，軍營的探照燈鎖定這幫瘋子，哨兵卻沒有開槍。

　　這是一本殘酷的、私人的、熱切的書，只是，也許在闔上書的瞬間，也許某一天坐在火車上朝陽光駛去的時候，或者某個晚上在酒吧和朋友長談的時候，一個加萊亞諾的讀者會恍然大悟，原來這是一本關於真正美好事物的書。原來他是想說，愛是真正美好的事物（「我對你說，或你對我說，活下來是值得的」），信仰正義是真正美好的事物（「大雨沖刷圍牆，白色塗料漸漸溶解。那些激烈固執的話語又一點一點再次浮現」），自由是真正美好的事物（「我們仍活著，這是最重要的。若還有能力快樂，流亡才足以成為另一個可能的證明——證明國家的存在。」），希望是真正美好的事物（「二十年後，我會告訴他現在這些事。我希望他看著我的眼，完全不相信我，希望他說我騙人。」），寫作是真正美好的事物（「我為此而生。這將

是我在歷經死亡之後與他人相處的方式，由此所有我愛過的人和事將不會隨我死去。」）。他知曉並讓我們知曉：真正美好的事物是存在的，是值得希望和爭取的。

　　一如書名中有「戰爭」亦有「愛」，這本書令人震顫的歷史恐怖之下，始終暗湧著對「自己人」（親人、愛人、戰友……）的溫柔。有時想來，人世感情的互通之處大抵可以超越語言、立場與國界，這或許才是最好的翻譯。譯後記行至文末，在全書唯一短暫屬於譯者的私人空間裡，我卻深感只有加萊亞諾書中的話可表心意：

　　「經歷過那麼多路途、巔簸並迷失自我，我的身體一路成長，是為了遇見你。」

　　　　——獻給這本書稿的第一讀者和更幸福的一年。

汪天艾
2015 年 3 月 30 日
西班牙馬德里城北

補記：第三次死亡

　　　每個人都依自己希望的方式步入死亡。——愛德華多·加萊亞諾

　　他的第一次死亡在十九歲那年。孤獨、疑惑、鬥爭而無從解脫的少年人。可以放倒一匹馬的安眠藥。他在書中寫，「在我第一階段的生命裡，唯一的記憶就是，在我沉入一個永無止境的平靜夜晚時，自緊閉的房門中流洩而入的一道光線。」在醫院醒來之後，他自述第一次看見世界，驚覺此後的每一天都是多餘的饋贈，雖然悲傷從未走遠，卻就此可以寫作，他開始署名母姓 Galeano（加萊亞諾）發表文章。

　　他的第二次死亡在三十歲那年。一個月裡兩場瘧疾，用掉足以救活一匹馬的奎寧。瀕死的他僵直地躺在一群麻瘋病人之間，他意識到自己的記憶與求生欲望之間堆積著層層疊疊的痛苦，但是每一次死裡逃生都是因為「那不是我選擇的死亡」，這條在波濤中逆流而上的小船還沒有到港，哪怕不斷被激流推回到過去，還是努力向前划，哪怕最後發現沒有任何屬於它的海港，這場為了追隨星途大海的征程依舊值得。

　　他的第三次死亡在今天，2015 年 4 月 13 日，七十四歲七個月十天。馬德里平靜的午後突然跳出的新聞，我尚未回過神來已經淚流滿面，翻譯這本書讓我對他生出彷彿相識的感情，一時間裡面的字字句句湧上心頭，最後卻一句話都說不出來。接著，我看到不同人回憶起他某本書裡的某個句子或者某個故事，看到他們以各自的方式說起自己曾經在生命中的某個節點被他撫慰、鼓舞、影響或改變，因為他去思考、去愛、去信仰、去鬥爭。

　　恍然想到，如果說，他的第一次死亡如同洗禮，讓他第一次看清生命如獲新生，第二次死亡如同堅信禮，讓他確知自己為追捕文字而生，那麼，這第三次死亡不正如復活，我們幾乎可以看見他叼著菸，微笑著調戲喪氣的死神——男人早已掏空自己，把所有的氣力和情感留在這一世，死亡找不到任何東西可以帶走。與此同時，作家的生命將隨著他的文字不斷出版、再版、重印、翻譯成各種互不相識的語言，最後被一雙手從書架上取下打開，被一雙眼睛在陽光或者檯燈下閱讀。

　　加萊亞諾寫過一個故事：一群小偷從一位老人家裡偷走了一個鎖得死死的箱子，跑到很遠的城鎮才打開，發現裡面裝著老人年輕時收過的情書。小偷們經過嚴肅激烈的討論，決定每週為老人寄一封回去，於是老人在餘生的每個星期都收到一封

來自過去的情書。今天以後，加萊亞諾終於和他在這本書中記錄的那些先他而去的人們重聚，也許他們正圍坐在營火邊嬉笑怒罵，而我們無緣拜讀他在另一個時空繼續說下去的故事。好在，他還留給這個世界一只箱子，往後的歲月我們依舊能定期收到來自另一個時代卻溫度絲毫不減的情書，每一次揭開封蠟、鋪平信紙的時候，他就被想起一次。這封「情書」也許會給兩個怯懦的人相愛的勇氣，也許為一個困惑的年輕人打開一扇窗，也許讓一個倦怠的中年人重拾最熱血沸騰的時刻，也許……如我翻譯過的一本墨西哥小說所寫，「最終，這才是重要的，一個人因為他的話語有改變人心的力量而永遠留在我們的記憶裡。」

　　謝謝你，尊敬的愛德華多・加萊亞諾。

滿懷感激的譯者和讀者：汪天艾
2015年4月13日夜　草就

書癮 PLUS 2

愛與戰爭的日日夜夜 *DIAS Y NOCHES DE AMOR Y DE GUERRA*

作　　　者	愛德華多‧加萊亞諾(Eduardo Galeano)
譯　　　者	汪天艾‧陳湘陽
責 任 編 輯	林秀梅
審　　　校	江麗綿

版　　　權	吳玲緯　蔡傳宜
行　　　銷	艾青荷　蘇莞婷　黃俊傑
業　　　務	李再星　陳紫晴　陳美燕　馮逸華
副 總 編 輯	林秀梅
編 輯 總 監	劉麗真
總 經 理	陳逸瑛
發 行 人	涂玉雲

出　　　版	麥田出版
	104台北市民生東路二段141號5樓
	電話：(886)2-2500-7696　傳真：(886)2-2500-1967
發　　　行	英屬蓋曼群島商家庭傳媒股份有限公司城邦分公司
	104台北市民生東路二段141號11樓
	書虫客服服務專線：(886)2-2500-7718、2500-7719
	24小時傳真服務：(886)2-2500-1990、2500-1991
	服務時間：週一至週五09:30-12:00‧13:30-17:00
	郵撥帳號：19863813　戶名：書虫股份有限公司
	讀者服務信箱E-mail：service@readingclub.com.tw
	麥田部落格：http://ryefield.pixnet.net/blog
	麥田出版Facebook：https://www.facebook.com/RyeField.Cite/

香港發行所	城邦(香港)出版集團有限公司
	香港灣仔駱克道193號東超商業中心1/F
	電話：852-2508 6231
	傳真：852-2578 9337

馬新發行所	城邦(馬新)出版集團【Cite (M) Sdn Bhd.】
	41-3, Jalan Radin Anum, Bandar Baru Sri Petaling,
	57000 Kuala Lumpur, Malaysia.
	電話：(603) 9056 3833
	傳真：(603) 9057 6622
	E-mail：services@cite.my

印　　　刷	沐春行銷創意有限公司
電 腦 排 版	宸遠彩藝有限公司
設　　　計	許晉維

初 版 一 刷　2019年5月

定價／420元
ISBN：978-986-344-646-0
著作權所有‧翻印必究（Printed in Taiwan.）
本書如有缺頁、破損、裝訂錯誤，請寄回更換。

城邦讀書花園
www.cite.com.tw

國家圖書館出版品預行編目(CIP)資料

愛與戰爭的日日夜夜 / 愛德華多‧加萊亞諾(Eduardo
Galeano)作；汪天艾‧陳湘陽譯. -- 初版. -- 臺北市：麥
田出版：家庭傳媒城邦分公司發行, 2019.05
　面；　公分. --（書癮PLUS；2）
譯自：Días y noches de amor y de guerra
ISBN 978-986-344-646-0(平裝)

1.加萊亞諾(Galeano, Eduardo, 1940-2015) 2.作家 3.傳記

785.788　　　　　　　　　　　　　　　　108003992